Ministrieren – kein Problem

Anneliese Hück

Ministrieren – kein Problem

Kleines Handbuch für den Dienst am Altar

Matthias-Grünewald-Verlag · Mainz

Abbildungen:
Fotos: Karl Lipecki: S. 8, 11, 13, 18, 20, 32, 46, 57, 66, 75, 92;
Anneliese Hück: S. 2, 14, 19, 25, 43, 44, 45, 48, 56
Zeichnungen: Josefa Oehm

 Der Matthias-Grünewald-Verlag ist Mitglied
der Verlagsgruppe engagement

2. Auflage 2002

Umschlag: Harun Kloppe, Mainz
Umschlagbild: Karl Lipecki, Hochheim
Druck und Bindung: Fuldaer Verlagsagentur

ISBN 3-7867-2329-X

Inhalt

Hallo, liebe Ministrantin,
Hallo, lieber Ministrant,

ich rede dich einfach einmal so an, obwohl ich nicht genau weiß, ob du schon so richtig offiziell in die Ministrantengruppe aufgenommen worden bist und vielleicht sogar schon einige Zeit dienst oder ob du dich gerade auf deinen Dienst vorbereitest.

Auf jeden Fall freue ich mich für dich, dass du dich für den Ministrantendienst entschieden hast. Es ist ja nicht nur das Dienen bei der Messe oder bei anderen Gottesdiensten. Spaß macht es natürlich auch, zu den Gruppenstunden zu gehen und mit den anderen Mädchen und Jungen in eurem Alter etwas zu unternehmen. Christsein hat immer etwas mit Gemeinschaft zu tun. Das merkt ihr gerade auch im Gottesdienst. Hier gehört jeder dazu, und jeder hat seine Aufgabe, der Pfarrer, der Küster oder die Küsterin, die Kommunionhelfer, ihr als Messdiener, aber auch alle, die mitbeten und mitsingen.

Dabei ist es ganz wichtig, dass man Bescheid weiß, worum es eigentlich geht. Das gilt eigentlich für alles, was man macht, also auch hier. Du solltest zum Beispiel wissen, was es bedeutet, wenn du die Gaben zum Altar bringst, wenn du dich niederkniest, oder warum man manchmal Weihrauch verwendet. Dieses Buch möchte dir dabei helfen, das eine oder andere rund um den Gottesdienst und deinen Dienst besser zu verstehen.

Ab und zu gibt es eine „Rätselecke". Hier findest du die verschiedensten Quizfragen und Rätsel. Wenn du ganz mutig bist, kannst du versuchen, sie zu lösen, bevor du das dazugehörige Kapitel im Buch liest. Falls du nicht klarkommst, lies zuerst nach, dann wirst du sicher die Lösung finden. Am Ende des Buches kannst du nachsehen, ob du Recht hattest.

Dort gibt es auch ein kleines Lexikon für dich. Es enthält zunächst die wichtigsten Wörter, die im Buch vorkommen, mit den Seiten, wo du etwas darüber findest. Aber es sind dort auch viele Wörter erklärt, die du vielleicht noch nicht kennst.

Nun wünsche ich dir viel Spaß mit diesem Buch und viel Freude bei deinem Dienst.

Anneliese Hück

Wo Christen sich versammeln – Die Kirche

Eigentlich hätte ich statt „Kirche" „Kirchenraum" schreiben müssen. Denn „Kirche" sagt man ja nicht nur zu dem Gebäude, in dem wir die Messe oder den Gottesdienst feiern. Wir sagen auch: „Wir gehen zur Kirche" und meinen damit den Gottesdienst oder, genauer gesagt, die Versammlung der Christen, die sich zum Gottesdienst treffen. Wir alle sind also „Kirche".

Seit es Christen gibt, haben sie sich versammelt, um Mahl zu halten, wie Jesus es mit seinen Freunden beim letzten Abendmahl tat. Zur Zeit der Bibel geschah dies meist in den Häusern, in denen christliche Familien wohnten. Erst später, als immer mehr Menschen Christen wurden und sie auch offen ihren Glauben bekennen konnten, ohne verfolgt zu werden, baute man Kathedralen und Kirchen. Zuerst war also die Versammlung, dann das Gotteshaus, so sagt man ebenfalls zum Kirchengebäude.

Wenn du einmal überlegst, wie viele verschiedene Kirchen du durch Gottesdienstbesuche oder von Besichtigungen her kennst, kommt bestimmt eine ansehnliche Zahl zusammen.

Kirchen können außen und innen sehr verschieden aussehen: Es gibt große und reich ausgestattete Kirchen und Kathedralen, kleine und schlichte Dorfkirchen und neu erbaute, moderne Gotteshäuser. Und wer sich ein wenig mit der Baugeschichte auskennt,

kann bereits beim Anschauen einer Kirche ungefähr sagen, aus welcher Zeit sie stammt.

Ein Gang durch den Kirchenraum

Doch trotz der vielen Unterschiede findest du bestimmte Dinge in jedem Gotteshaus.

Da ist zunächst der ALTAR. Der Name kommt vom lateinischen Wort „altus". Das heißt so viel wie hoch und erhaben. Und tatsächlich steht der Altar meist in der Kirche etwas höher. Er bildet den Mittelpunkt des Kirchenraums. Jeder, der in eine Kirche kommt, sieht sofort, dass er dort einen besonderen Platz einnimmt. Bänke oder Stühle sind auf ihn ausgerichtet.

Der Altar sieht aber auch aus wie ein Tisch. Er ist gedeckt mit einem Tischtuch – man sagt hier: Altartuch –, mit Kerzen und meist auch mit Blumen. Wir versammeln uns um ihn, um Mahl zu halten, um Eucharistie zu feiern, so wie Jesus es uns aufgetragen hat.

Man nennt den Altar deshalb auch „Tisch des Brotes". Daneben gibt es auch einen „Tisch des Wortes": der AMBO. Am Ambo wird das Wort Gottes – Lesungen und Evangelium (nach Matthäus, Markus, Lukas oder Johannes) – verkündet und in der Predigt ausgelegt. In modernen Kirchen sind Altar und Ambo oft aus demselben Material und im selben Stil gearbeitet. Die Künstler wollen damit die Zusammengehörigkeit von Wortgottesdienst und Eucharistiefeier ausdrücken.

Im Altarraum oder auch auf dem Altar findest du ein KREUZ, das Zeichen für Christus.

Im Altarraum stehen auch die Sitze für den Priester, für Messdienerinnen und Messdiener oder sonstige Helfer. Man nennt diese besonderen Sitze SEDILIEN.

Die KREDENZ ist für deinen Ministrantendienst sehr wichtig. Auf diesem Tisch oder dieser Ablage werden die Geräte für die Gabenbereitung bereitgestellt.

Der TABERNAKEL (aus dem Lateinischen: tabernaculum = Zelt oder kleine Hütte) ist ein wertvoll verziertes Häuschen und wirkt wie ein kleiner Panzerschrank oder wie eine Schatztruhe. Und tatsächlich, in ihm ist etwas ganz Wertvolles: das verwandelte Brot. Seine Namensgebung hängt mit der Bundeslade der Israeliten zusammen. Diese war Zeichen der Gegenwart Gottes und des Bundes, den Gott mit Mose geschlossen hatte. Die Bundeslade enthielt die beiden Steintafeln mit den Zehn Geboten und wurde von den Juden in einem Zelt mitgeführt.

In den Gestalten von Brot und Wein ist Christus zum Zeichen für Gottes neuen Bund mit den Menschen geworden. Gott ist uns dadurch besonders nah.

Im Tabernakel wird auch die große Hostie aufbewahrt, die bei Andachten und Prozessionen, zum Beispiel an Fronleichnam, in der Monstranz gezeigt wird. Außerdem werden nach dem Kommunionempfang dort Hostien aufbewahrt, um den Kranken und Sterbenden jederzeit den Leib des Herrn bringen zu können. Achte einmal darauf: Wenn der Priester oder ein Kommunionhelfer/eine Kommunionhelferin zum Tabernakel geht, um daraus die Hostien zu holen, macht er oder sie eine Kniebeuge. Auch die Kniebeuge der Einziehenden zu Beginn der Messe zeigt unsere Ehrfurcht vor dem Allerheiligsten.

Selbst wenn du den Tabernakel einmal nicht auf Anhieb erkennen würdest, es gibt noch etwas, was auf das heilige Brot in ihm hinweist: das EWIGE LICHT. Die meist rote Lampe will uns sagen, dass Christus, das Licht der Welt, uns hier besonders nahe ist.

Am Eingang der Kirche ist ein WEIHWASSERGEFÄSS angebracht. Das Kreuzzeichen mit Weihwasser beim Eintreten in die Kirche erinnert uns daran, dass wir durch unsere Taufe zu Christus gehören.

Auch einen TAUFBRUNNEN oder TAUFSTEIN wirst du in der Kirche entdecken. Hier versammeln sich die Freunde und Angehörigen, wenn ein Kind, ein Jugendlicher oder Erwachsener getauft wird.

Vor allem in älteren Kirchen kannst du an der Seite BEICHTSTÜHLE sehen. Ob sie noch benutzt werden, hängt auch davon ab, welche sonstigen Möglichkeiten es zum Beichtgespräch gibt. Häufig gibt es in oder bei der Kirche so genannte Sprech- oder Beichtzimmer, die sich für ein Gespräch meist besser eignen.

In fast allen katholischen Kirchen findet man auch eine MARIEN-FIGUR und oft auch eine oder mehrere HEILIGENFIGUREN, zum Beispiel eine Darstellung des Kirchenpatrons, des Heiligen, der deiner Kirche den Namen gab.

Was gibt es sonst in einer Kirche noch zu entdecken? Natürlich die SITZBÄNKE ODER STÜHLE, das ist klar. Dann die ORGEL, die bei den meisten Gottesdiensten die Feier verschönt und das Singen erleichtert. Wenn du großes Glück hast, kannst du vielleicht auch einmal den GLOCKENSTUHL ansehen.

Schau dir einmal genau die Kirchenwände an, dann findest du dort 12 kleine Kreuze angebracht, dazu auch meist 12 Kerzenständer. Man nennt diese Kreuze APOSTELKREUZE, die Kerzenständer APOSTELLEUCHTER. Sie erinnern an den Tag der Weihe und an die Apostel als Fundament der Kirche. Die Kerzen werden mindestens einmal im Jahr am Kirchweihfest entzündet.

In den meisten Kirchen kannst du an den Wänden BILDER DES KREUZWEGS sehen (Genaueres findest du auf der Seite 62).

So, jetzt hast du einen kurzen Rundgang durch die Kirche gemacht. Es ist eine erdachte Kirche mit all den Dingen und Gegenständen, die du in fast allen katholischen Kirchen finden kannst. Schöner ist es natürlich, wenn du einmal mit dem Küster/der Mesnerin, dem Pfarrer oder dem Oberministranten/der Oberministrantin eine „Führung" durch deine Kirche machst. Oder hast du das alles schon bei deiner Erstkommunionvorbereitung erlebt, und was ich dir erzählt habe, war gar nicht neu für dich?

Es ist auf jeden Fall gut, Bescheid zu wissen. Als die angehende Ministrantin Rebecca nämlich ihrem Schulfreund Christoph einmal ihre Kirche zeigen wollte, gab sie sich dabei viel Mühe, und sie konnte ihm bei ihrer „Kirchenführung" schon eine Menge erzählen; aber einiges hat sie doch durcheinander gebracht. Findest du die zehn Fehler, die Rebecca gemacht hat?

◆ Rätselecke: Christoph erhält eine besondere Kirchen-führung

Als Rebecca wieder einmal mit Christoph von der Schule nach Hause ging, erzählte sie ihm, dass sie nun in einer Ministrantengruppe sei und in drei Monaten auch offiziell als Ministrantin aufgenommen würde.
Sie staunte nicht schlecht, als Christoph sie fragte, was das sei, eine „Ministrantin". Und als Rebecca ihm erklärte, dass sie dann bei der Messe am Altar stehen und bestimmte Aufgaben zu erledigen hätte, merkte sie, dass Christoph offenbar überhaupt keine Ahnung hatte, wovon sie redete. Christoph war nicht getauft und hatte keinen blassen Schimmer, was es mit Altar, Messe usw. auf sich hatte. Aber interessieren, ja interessieren täte es ihn eigentlich schon, meinte er. Ab und zu besichtigten seine Eltern mit ihm im Urlaub eine berühmte Kirche – und er hörte viel über die Künstler, die an ihr gearbeitet hatten, und die Zeit, aus der das Gebäude und die Kunstwerke stammten. Aber zum Beispiel warum es in ihrer Mitte einen großen Stein gab, auf dem ein weißes Tischtuch lag, und einige schöne Stühle in der Nähe, das wusste er nicht. Und bei den Besichtigungsfahrten blieb einfach keine Zeit für Fragen – meist mussten sie rasch zur nächsten Sehenswürdigkeit.
Für Rebecca war es klar: Sie würde Christoph „ihre" Kirche zeigen. Zwar war es keine berühmte Kirche und es gab auch keine wertvollen Kunstwerke, aber sie wollte ihm erzählen, was sie bisher aus der Erstkommunionvorbereitung, dem Religionsunterricht und vor allem jetzt aus den Ministrantentreffen über ihre Kirche wusste.
Sie verabredeten sich für den nächsten Tag. Pünktlich ist Christoph zu seiner Kirchenführung da und Rebecca kann loslegen:
„Hier vorne siehst du eine Art steinernen Tisch mit einem weißen Tuch. Diesen Tisch nennt man Altar. So ähnlich, wie der Opferaltar in alten Kulturen. Vielleicht weil Jesus für uns gestorben ist, sich für uns geopfert hat. Aber das ist alles ziemlich schwer zu verstehen. Auf jeden Fall sagt mein Großvater manchmal statt ‚Messe' auch Messopfer. Auf der anderen Seite sieht der Altar ja wirklich aus wie ein Tisch, und irgendwie ist es ja auch wie ein gemeinsames festliches Essen. Wir erinnern uns dabei an das Morgenmahl Jesu.
Dieser Altar ist der eigentliche Mittelpunkt des ganzen Raumes. Bänke oder in anderen Kirchen auch Stühle sind in seine Rich-

tung gestellt, siehst du? Den vorderen Bereich der Kirche um den Altar herum nennt man auch Altarraum. Neben dem Priester, der mit der Gemeinde die Messe feiert, sind wir Messdienerinnen und Messdiener hier vorne.

Außerdem siehst du auch eine Art Lesepult. Man sagt dazu Amboss. Frauen und Männer aus der Gemeinde lesen hier einen Abschnitt aus dem Alten Testament oder Briefe, etwa die von Paulus oder Johannes. Dazwischen kommt bei uns eine Frau und singt im Wechsel mit den anderen Leuten Verse aus der Bibel oder ein Halleluja. Sie ist eine Lektorin. Dann liest der Pfarrer das Evangelium vor. Evangelium, so haben wir gerade gelernt, heißt so viel wie Danksagung. Es gibt fünf davon in der Bibel. Wir sagen Evangelium nach Matthäus, Markus, Lukas, Johannes und Petrus. Danach erklärt uns der Pfarrer in einer Ansprache, was das, was wir gehört haben, bedeutet."

„Das erinnert mich ein bisschen an die Schule", meint Christoph skeptisch. „Ja, da hast du schon Recht, aber manchmal gibt es besondere Gottesdienste für uns. Da wird oft eine Geschichte erzählt, oder wir dürfen etwas vorspielen. Manchmal, allerdings ganz selten, gibt es sogar Jugendgottesdienste mit einer richtigen Band.

Zum zweiten Teil des Gottesdienstes gehen der Pfarrer und wir Ministranten zum Altar. Wir bringen dann alles, was nun gebraucht wird, von einem Tischchen zum Altar. Das Spezialwort für dieses Tischchen heißt: Sedilie. Wir bringen Wasser und Wein in kleinen Kännchen und ein kleines Tuch; dann kleine weiße Scheiben, das ist das Brot, in schönen Gefäßen. Bei uns sind sie sogar aus echtem Gold gemacht."

„Das hört sich ja richtig feierlich an", sagt Christoph. „Ja, da freue ich mich auch schon darauf, wenn ich dies alles bald zum Altar tragen darf", sagt Rebecca. „Zum Gefäß für den Wein sagt man übrigens Kelch, wie zu einem Weinglas.

Hast du nicht einmal Lust, mit zu einer Messfeier zu kommen?", fragt Rebecca plötzlich, „vielleicht, wenn ich das erste Mal dienen darf?" „Ja, da hätte ich schon Lust dazu", meint Christoph, „sagst du mir Bescheid? Dann drücke ich dir auch die Daumen, dass alles klappt."

„Super, Christoph, doch wenn wir jetzt rausgehen, schau noch mal an die Wände. Siehst du die vielen Bilder dort? Sie erzählen, wie Jesus gelitten hat und dann gekreuzigt wurde. Man sagt dazu Karfreitagsstationen."

„Und die Kreuze und Lichtchen?", fragt Christoph.

„Oh, gut, dass du mich das heute fragst", sagt Rebecca. „Ich wusste es bisher auch nicht. Wir haben es erst vor kurzem gelernt. Man nennt sie Apostelleuchter und Apostelkreuze: Sie erinnern an die Weihe der Kirche und an die Apostel als ‚tragende Säulen der Kirche', so hat uns der Pfarrer erklärt. Dementsprechend gibt es 14 davon."

„Hier ist noch das Bild einer jungen Frau", fällt Christoph jetzt auf.

„Das ist Elisabeth, die Mutter Jesu", erklärt Rebecca.

Als sie wieder auf der Straße stehen, sagt sie: „Ach, jetzt habe ich doch noch vergessen, dir etwas zu zeigen. Hast du das rote Licht gesehen, das vorne im Altarraum in der Nähe des goldenen Türchens hing?"

„Ja, klar, was ist damit?", fragt Christoph.

„Das Licht nennt man ‚Ewiges Licht', weil es sozusagen immer und ewig brennt; das kleine Türchen gehört zu einer Art Tresor. Darin wird das heilige Brot nach der Messe aufbewahrt. Man nennt ihn Monstranz."

„Jetzt raucht mir doch ziemlich der Kopf", meint Christoph. „Weißt du, das war jetzt alles total neu für mich. Aber irgendwie interessant, mal zu wissen, was das alles zu bedeuten hat. Super, dass du mir alles erklärt hast."

Messdienerinnen und Messdiener – Minister der besonderen Art

Vielleicht hat dich die Überschrift ein wenig überrascht. Wenn ich aber statt Messdiener Ministranten geschrieben hätte, dann wäre es dir sicher aufgefallen: Die Wörter Minister und Ministrant sind sich sehr ähnlich. Und tatsächlich, auch wenn du als Ministrantin oder Ministrant nicht an der Regierung bist und damit dem Volk eines Landes dienst: Beide Begriffe kommen aus der lateinischen Sprache von dem Wort „ministrare" her und bedeuten so viel wie „dienen" oder „der Dienende". Du bist also ein kleiner Minister für die Messe – oder eben ein Messdiener. Viele Begriffe, die mit der Kirche und dem Gottesdienst zu tun haben, kommen aus dem Lateinischen. Nicht alles habe ich hier erklärt, denn für die allermeisten Dinge gibt es auch ein gebräuchliches deutsches Wort. Manches habe ich in Klammern dazugeschrieben oder du findest es ganz hinten im Buch bei den „Worterklärungen". Aber an den vielen lateinischen Wörtern kannst du erkennen, dass es in den Gottesdiensten schon eine Menge Dinge sehr lange gibt, denn Latein war die Sprache der Römer.

Eigentlich gibt es den Dienst des Ministranten aber noch länger, nämlich seit es überhaupt Gottesdienste gibt. Bereits bei den Juden in der Zeit des Alten Testaments gab es einen ganzen Stamm im Volk Israel, der für den Dienst beim Tempelgottesdienst ausgewählt war, und zur Zeit Jesu gab es Synagogendiener – Synagoge nennt man das Gotteshaus der Juden.

Bei den ersten Christen, so erzählt uns die Bibel, wurden sehr bald Helfer für den Dienst am Tisch ausgewählt, die Diakone.

Als die christlichen Gemeinden dann immer größer wurden und man Kirchen baute, entwickelten sich neue Dienste für die Liturgie. Viele Jahrhunderte gab es nur Jungen, die den Ministrantendienst ausübten, und auch der Dienst selbst war nicht immer gleich. Heute ist es zumindest im deutschsprachigen Raum selbstverständlich, dass Jungen und Mädchen ministrieren.

Was genau alles zum Ministrantendienst gehört und bei welchen Gelegenheiten du als Messdienerin oder Messdiener gefragt bist, davon handelt dieses Buch. Es ist eine interessante und spannende Aufgabe, und je mehr du davon verstehst, desto besser kannst du deinen Dienst ausüben.

Jetzt möchte ich dir noch die verschiedenen Dienste nennen, die du als Ministrantin oder als Ministrant übernehmen kannst. Manche Aufgabe ist beliebter als andere, aber alles gehört zum Ministrantendienst – und jede Aufgabe ist wichtig. Ich schreibe in Klammern die griechischen oder lateinischen Namen dazu, damit sie dir nicht ganz unbekannt sind, wenn du sie einmal hören solltest. Aber wichtiger ist, dass du die verschiedenen Aufgaben kennst.

Der Dienst bei der Gabenbereitung

Die Messdienerinnen und Messdiener, die bei der Gabenbereitung helfen (*Akolythen*, man spricht: Akolüten = Begleiter), bringen die Hostienschale, den Kelch sowie das Wasser- und Weinkännchen zum Altar. Sie reichen dem Priester Wasser und ein kleines Handtuch (Lavabotuch) zur Händewaschung. Nach der Kommunion reichen sie Wasser und Wein zur Reinigung der Geräte und bringen diese wieder zur Kredenz zurück.

Fackel- und Leuchterträger

Zwei Leuchterträger/innen (*Zeroferare*) treten zum Evangelium neben den Priester oder den Diakon an den Ambo. Nach der Gabenbereitung stellen sich bei feierlichen Gottesdiensten die Ministranten bis zu Beginn des Vaterunsers mit Kerzen um den Altar. Außerdem wird bei feierlichen Gottesdiensten beim Ein- und Auszug das Vortragekreuz von zwei Kerzen flankiert. Ebenso können – wie auch bei sonstigen Prozessionen – mehrere Flambeaus (sprich: Flambos), also Fackeln, mitgetragen werden.

Weihrauchfass und Schiffchen

Ein Ministrant oder eine Ministrantin trägt das Schiffchen mit den Weihrauchkörnern. Der Schiffchenträger (= *Navikular*) reicht es dem Priester oder Diakon an, wenn dieser Weihrauch einlegen will. Er oder sie kann bei Bedarf auch selbst Weihrauch einlegen. Zu dem Schiffchen gehört ein kleiner Löffel, der am besten etwas herausschaut, damit man leichter nach ihm greifen kann.
Ein anderer Ministrant (oder eine Ministrantin) ist für das Weihrauchfass zuständig (= *Thuriferar*). Er reicht dem Priester oder Diakon das Weihrauchfass. Und er inzensiert (= beweihräuchert)

den Priester oder Diakon und nach der Gabenbereitung die Gemeinde. Auch bei der Wandlung oder beim sakramentalen Segen kann er sein Amt ausüben. Der Umgang mit dem Weihrauchfass ist nicht ganz einfach. Hier sollte am Anfang ein erfahrener Ministrant oder der Küster/die Küsterin helfen!

Kreuzträger

Bei feierlichen Gottesdiensten, etwa an Weihnachten oder Ostern, ziehen die Ministrantinnen und Ministranten mit dem Priester feierlich ein. Dabei wird oft das so genannte Vortragekreuz mitgeführt und anschließend in einen Halter in der Nähe des Altars gesteckt. Man wird für diesen Dienst nicht den jüngsten Ministranten auswählen, denn man braucht dazu einige Kraft. Besonders wenn zum Beispiel bei einer Beerdigung oder bei Prozessionen das Kreuz mitgetragen wird, ist die Wegstrecke manchmal recht lang.

Andere Aufgaben

Neben diesen Hauptaufgaben eines Ministranten solltest du darauf gefasst sein, auch einmal andere Aufgaben zu übernehmen. Solche Dienste können in den verschiedenen Gemeinden ganz unterschiedlich ausfallen. Dazu kann es gehören, zu kollektieren, also bei der Gabenbereitung durch die Bänke zu gehen und das Geld einzusammeln, oder bei feierlichen Gottesdiensten oder Prozessionen Fahnen zu tragen.
Dazu gehört das Anreichen von Weihwassergefäß und Aspergill.
Außerdem sind zum Beispiel bei der Taufe, bei der Trauung und bei anderen Gelegenheiten die liturgischen Bücher so zu halten, dass der Zelebrant daraus lesen kann.

Manchmal sind Lied- oder Gebetszettel auszuteilen, auch hier wäre es schön, wenn du dem Küster helfen könntest. Nicht gleich am Anfang, aber vielleicht wenn du etwas älter bist, könntest du auch einmal den Dienst des Lektors oder der Lektorin übernehmen. Du siehst, es gibt viel zu tun.

Die Messfeier

Die Messe ist etwas ganz Besonderes; sie ist für Christen ganz wichtig. Das weißt du seit deiner Erstkommunionvorbereitung. Da hast du bereits eine ganze Menge über die Messe erfahren. Und aus den Sonntagsgottesdiensten kennst du sicher auch schon einiges.

Mit dem nachfolgenden Rätsel kannst du prüfen, wie viel du bereits über die Messe weißt. Wenn du noch nicht alle Fragen beantworten kannst – macht nichts! Lies einfach die nächsten Seiten und löse erst am Ende das Rätsel. Du wirst sehen: Es klappt!

◆ Rätselecke: Weißt du Bescheid?

Beim Eintragen der richtigen Begriffe (Seite 22) ergibt die senkrecht markierte Zeile einen liturgischen Gegenstand, der – zusammen mit einem zweiten – besonders bei feierlichen Gottesdiensten verwendet wird. (ä = ae; ü = ue)

1. Über Brot und ... spricht der Priester die Wandlungsworte.
2. Das bekannteste Gebet der Christen; man nennt es auch das Gebet des Herrn.
3. Es gibt vier davon: nach Matthäus, Markus, Lukas und Johannes.
4. Ein liturgisches Gefäß, das die Hostien oder den Wein enthält.
5. Auf Deutsch beginnt es: Herr, erbarme dich ...
6. Der lateinische Anfang eines Lobliedes, das die Engel auf den Feldern von Betlehem sangen: Ehre sei Gott in der Höhe ...
7. Auch ein lateinischer Name. Wir sprechen das Gebet vor dem Kommunionempfang. Johannes der Täufer nannte Jesu so.
8. Eine Reinigungshandlung vor der Gabenbereitung. Hier sind die Ministrantinnen und Ministranten besonders gefragt.

9. So nennt man den zweiten großen Hauptteil der Messe, dessen Höhepunkt das Hochgebet mit den Wandlungsworten ist.
10. Sie werden häufig vom Lektor oder von der Lektorin vorgetragen. In ihnen kommen die Anliegen und Bitten der Gemeinde zum Ausdruck.
11. Bei diesem Teil der Messe bringen die Ministrantinnen und Ministranten Brot und Wein zum Altar.
12. Der Name für den Teil der Messe, in dem das Wort Gottes im Mittelpunkt steht.
13. Zum Schluss nochmals ein lateinischer Name: Er benennt einen Teil des eucharistischen Hochgebetes; auf Deutsch beginnt es: Heilig, heilig, heilig ...

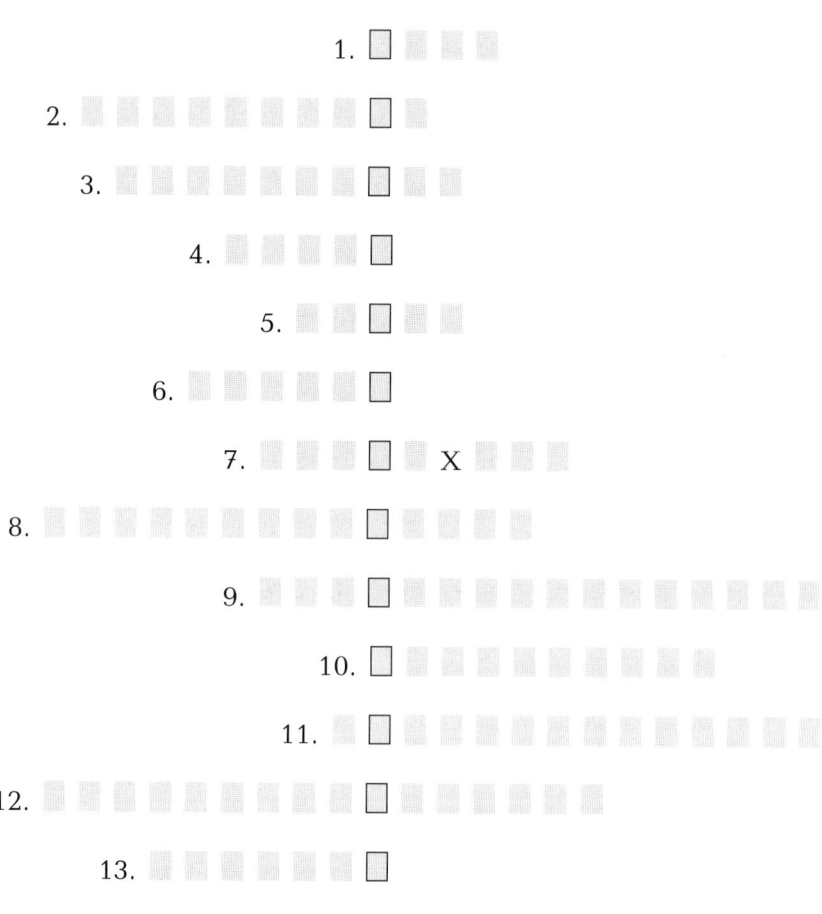

Der Ministrantendienst – ein Dienst unter vielen

Damit ein Fest oder eine Fete stattfinden kann, müssen viele mithelfen. Wenn man sich vorstellt, welche Vorbereitungen allein für eine Geburtstagsparty nötig sind: Vom Schreiben der Einladungen bis zum Tischdecken fallen eine Menge Dinge an, die getan werden müssen. Da ist es gut, wenn möglichst viele mithelfen. Aber mit der Vorbereitung wächst auch die Vorfreude, und meist macht sogar das gemeinsame Überlegen, das Planen und Besorgen wirklich Spaß. Und je mehr Gäste kommen, desto mehr Spaß macht es normalerweise.

Auch beim Fest mit Jesus, bei der Messe, muss einiges vorbereitet werden, damit es ein schönes Fest wird. Und auch hier ist es schöner, wenn möglichst viele am Gottesdienst teilnehmen. Jeder ist wichtig, denn stell dir vor, niemand würde mitbeten oder mitsingen, keiner würde etwas zur Feier beitragen ... Dann wäre es fast so wie vor langer Zeit bei einer Hochzeit:

Die Brautleute hatten nicht viel Geld, aber sie dachten, dass es schön wäre, wenn Freundinnen und Freunde mitfeiern würden. Geteilte Freude ist doppelte Freude, dachten sie. Es sollte ein großes Fest werden, so beschlossen sie. Also baten sie, dass jeder der Gäste eine Flasche Wein mitbringt. Am Eingang würde ein großes Fass stehen, in das sie ihren Wein gießen könnten; und dann sollte jeder aus diesem großen Fass zu trinken erhalten und froh und ausgelassen sein.

Als nun das Fest eröffnet wurde, gossen die Kellner den Wein aus dem Fass. Doch wie erschrocken waren alle, als sie merkten, dass es Wasser war. Versteinert saßen sie da, als ihnen bewusst wurde, dass eben jeder gedacht hatte: Die Flasche Wasser, die ich hineingieße, wird niemand bemerken oder schmecken. Und nun wussten sie, dass jeder so gedacht hatte. Jeder von ihnen hatte gedacht: Heute will ich mal auf Kosten anderer feiern.

Du kannst dir denken, dass alle am liebsten in den Boden versunken wären vor Scham. Es wurde kein schönes Fest – ja eigentlich fand überhaupt kein Fest statt.

Es kommt in einer Gemeinschaft auf jeden an, auch auf dich und deinen Dienst als MINISTRANTIN oder als MINISTRANT.

Und du kennst bereits eine ganze Reihe von anderen, die bei der Messe mithelfen.

Da ist zunächst der KÜSTER/die KÜSTERIN. Mancherorts sagt man auch MESNER oder MESNERIN. Mit dem Küster habt ihr

Ministranten eine ganze Menge zu tun. Sein Reich ist die Sakristei, er bereitet alles vor, was für die Messe, für den Gottesdienst oder die Feier der Sakramente benötigt wird. Und nach dem Gottesdienst bringt er die Gegenstände und die Geräte wieder zurück. Er schaut nach, dass alles sauber und in Ordnung ist. Er schließt die Kirche auf, läutet die Glocken und vieles mehr. Vielleicht bereitet dich der Küster oder die Küsterin auch auf deinen Dienst vor? Auf jeden Fall bist du hier an der richtigen Adresse, wenn du Fragen hast und zum Beispiel einmal nicht mehr genau weißt, was wozu verwendet wird.

Der PRIESTER leitet die Messe. Es ist in der Regel der Ortspfarrer oder ein Kaplan. Weißt du, was ein Kaplan ist? – Nach ihrer Weihe arbeiten die Priester zumeist einige Jahre als Kapläne mit einem Pfarrer zusammen, bevor sie dann eine eigene Pfarrei übernehmen.

Auch der DIAKON wird vom Bischof für sein Amt geweiht. Vom Ursprung her liegt der Schwerpunkt seiner Arbeit besonders im Dienst an den Notleidenden. Vielleicht kennst du einen Diakon vom Religionsunterricht her? Beim Gottesdienst übernimmt er zum Beispiel die Verkündigung des Evangeliums und die Predigt. Aufgrund seiner Weihe kann er auch die Taufe spenden, beerdigen und die Feier der Trauung leiten.

Der ORGANIST ist für die musikalische Gestaltung des Gottesdienstes verantwortlich. In vielen Gemeinden gibt es auch einen KIRCHENCHOR und vielleicht einen JUGEND- ODER KINDER-CHOR, die verschiedene Gottesdienste im Laufe des Jahres musikalisch verschönen.

Außerdem kennst du schon den Dienst des LEKTORS oder der LEKTORIN. Sie tragen im Gottesdienst die Lesungen vor. Der KANTOR oder die KANTORIN singt den Antwortpsalm nach der Lesung, kann das Halluluja anstimmen oder auch bei Wechselgesängen die Vorsängerstimme übernehmen.

Und du hast sicher schon erlebt: KOMMUNIONHELFERINNEN und -HELFER teilen die Kommunion aus.

Schön ist es, wenn es in eurer Gemeinde eine GRUPPE interessierter Christen ZUR GOTTESDIENSTVORBEREITUNG gibt. Vielleicht sind es mehrere Gruppen: Eltern, die helfen, Kindergottesdienste zu gestalten, Jugendliche, die Jugendgottesdienste vorbereiten, ein Liturgiekreis, der Vorschläge für die Gestaltung der Festtags- und Sonntagsgottesdienste macht und vielleicht auch Wort-Gottes-Feiern vorbereitet.

Wie es begann – Jesus feiert mit seinen Freunden ein besonderes Paschamahl

Du hast schon viel über Jesus gehört, wie er den Menschen Mut machte, ihnen half und ihnen von Gott erzählte. Und du hast auch schon von seinem letzten Mahl gehört. Man nennt es das Abendmahl. Als Jesus mit seinen Freunden das Abendmahl feierte, gab er ihnen den Auftrag: Tut dies zu meinem Gedächtnis. Was er damit meinte, konnten seine Freundinnen und Freunde eigentlich erst verstehen, nachdem er gestorben und auferstanden war. Seither treffen sich die Christen am Tag der Auferstehung, am Sonntag, zu einem gemeinsamen Mahl, so wie Jesus es ihnen vorgemacht hatte. Daher ist jeder Sonntag für Christen wie ein kleines Auferstehungsfest, ein kleines Osterfest.

Das Geheimnis von Brot und Wein

Jesus nahm damals *Brot und Wein,* dankte Gott und gab seinen Jüngern davon, und über Brot und Wein spricht der Priester seither die Worte Jesu.

Warum wohl Brot und Wein? *Brot* ist ein so genanntes Grundnahrungsmittel. Bis zum heutigen Tag ist es für Milliarden Men-

schen die wichtigste Nahrung überhaupt. Brot stillt unseren Hunger. Und auch wenn wir hier in Europa im Überfluss zu essen haben, sollten wir dies nie vergessen. Wenn Jesus sagt: „Ich bin das Brot des Lebens", dann meint er damit: Ich möchte für euch wie Brot sein, ganz wichtig, lebenswichtig.

Wein ist ein Getränk, das bei Feiern und bei festlichen Essen gereicht wird. Wein ist nicht notwendig zum Leben wie Wasser. Wein trinken die Menschen bei besonderen Gelegenheiten. Wenn Jesus sich uns im Zeichen von Wein schenkt, sollen wir wissen: Jesus möchte mehr für uns als nur das Notwendigste. Er will uns überreich beschenken. In der Bibel finden wir das Wort

Jesu: „Wer an mich glaubt, hat das Leben in Fülle." Er will uns damit sagen: Ich möchte, dass es euch gut geht, dass ihr glücklich leben könnt.

Wenn Christen sich zum Gottesdienst und zum gemeinsamen Mahl treffen, erinnern sie sich dabei an das Abendmahl Jesu und an seinen Tod. Und wenn wir so zusammenkommen und uns an Jesus, an sein Leben, seine Worte und Taten erinnern, aus der Bibel lesen und wie er Mahl halten, dann ist Jesus uns ganz nah.

Es ist ein wenig so, wie wenn du ein Geschenk eines Freundes oder einer Freundin betrachtest. Auf einmal fällt dir dabei etwas ein, was du mit ihm oder ihr besprochen hast, vielleicht eine Geschichte, die euch zum Lachen gebracht hat, oder ein Erlebnis, das ihr zusammen hattet. Und manchmal merkst du, dass dein Freund oder deine Freundin dir dann ganz nah ist, obwohl sie sich vielleicht gerade viele Kilometer von dir entfernt aufhält.

Wir glauben als Christinnen und Christen daran, dass Jesus nicht im Tod blieb, dass Jesus lebt. Deshalb ist der Gottesdienst auch immer ein Fest der Freude und des Dankes. Dies zeigt sich bereits im Namen: *Eucharistiefeier,* so sagen wir ebenfalls zur Messe. Eucharistie heißt *Danksagung.* Wir singen, loben und danken Gott für alles, was er für uns getan hat: für die Vergebung unserer Schuld, für seine besondere Nähe und Gegenwart in seinem Wort und im Brot und Wein der Messe, dafür, dass er unser Freund geworden ist und wir in seinem Namen zusammen feiern können.

Die Messfeier – alt und immer wieder neu

Herrenmahl – so nannte man die Feier des Abendmahls in den ersten Jahrhunderten. Von einem solchen Herrenmahl erzählt im Jahr 150 ein Mann namens Justin in einer Schrift an den Kaiser Antoninus in Rom Folgendes: „Am Tag, den man Sonntag nennt, findet eine Versammlung aller statt, die in Städten oder auf dem Land wohnen. Dabei werden die Briefe der Apostel oder die Schriften der Propheten vorgelesen, solange es geht. Hat der Vorleser aufgehört, so gibt der Vorsteher in einer Ansprache eine Ermahnung und eine Aufforderung zur Nachahmung all dieses Guten. Darauf erheben wir uns alle zusammen und senden Gebete empor.

Wenn wir mit dem Gebet zu Ende sind, werden Brot, Wein und Wasser herbeigeholt. Der Vorsteher spricht Gebete und Danksagungen mit aller Kraft und das Volk stimmt ein, indem es das Amen sagt. Darauf findet die Austeilung statt. Jeder erhält von den geheiligten Gaben. Den Abwesenden aber wird ihr Anteil durch die Diakone gebracht.

Wer die Mittel und den guten Willen hat, gibt nach seinem Ermessen, was er will; was da zusammenkommt, wird beim Vorsteher hinterlegt. Dieser kommt damit Waisen und Witwen zu Hilfe und solchen, die wegen Krankheit oder sonst einem Grund bedürftig sind, den Gefangenen und den Fremdlingen, die in der Gemeinde anwesend sind, kurz, er ist allen, die in der Stadt sind, ein Fürsorger."

Natürlich klingt so ein über 1800 Jahre alter Brief für uns zunächst fremd. Und seit Justin dies aufgeschrieben hat, hat sich die Feier der heiligen Messe im Laufe der Jahrhunderte immer wieder verändert. So wie wir heute anders leben, anders feiern und auch anders schreiben als die Menschen zur Zeit der ersten Christen oder im Mittelalter, so hat sich auch die Messfeier gewandelt. Gebete und Zeichen kamen hinzu, anderes, was nur für eine bestimmte Zeit und Kultur von Bedeutung war, fiel weg. Von Anfang an aber blieben die großen und wichtigen Teile des Herrenmahls oder der Messe unverändert: Immer wurde aus dem Alten oder Ersten Testament des Volkes Israel und aus den Briefen der Apostel vorgelesen und in jedem Gottesdienst das Evangelium, die Frohe Botschaft, verkündet. Immer wurde über Brot und Wein Dank gesagt und wurden dabei die Worte Jesu gesprochen. Und immer wurde seines Opfers am Kreuz gedacht und Mahl gehalten, wie er es uns aufgetragen hat.

Nach und nach feierte man nicht nur sonntags die Messe, sondern auch an den verschiedenen Wochentagen. Als Tag der Auferstehung bleibt der Sonntag jedoch der wichtigste Tag für diese Feier. Man könnte sagen: Jeder Sonntag ist wie ein kleines Osterfest.

Es gab aber auch Zeiten, in denen die Christen das, was am Altar geschah, nur noch schwer mitfeiern konnten. Es wurde zum Beispiel lateinisch gebetet und gesungen. Und den Menschen ging es ähnlich wie uns heute: Nur wenige konnten das verstehen. Vieles trug damals dazu bei, dass sich die Christen nur als Zuschauer fühlten, nicht als Mitfeiernde. Erst vor wenigen Jahrzehnten, als sich Vertreter der katholischen Kirche aus der ganzen Welt in Rom zu einem Konzil, einer großen Versammlung, trafen, wurden eine ganze Reihe von Änderungen beschlossen. Auf dem Zweiten Vatikanischen Konzil (1962–1965), so nannte man dieses große Treffen, erinnerte man sich wieder daran, dass der Gottesdienst eine gemeinsame Feier aller Anwesenden, ja aller Christen ist. Seit dieser Zeit wird der Gottesdienst in der Landessprache gefeiert, also in Deutschland auf Deutsch, in Frankreich auf Französisch und so weiter. Jeder kann seitdem wieder verstehen, was gesagt wird und was die einzelnen Teile der Messe bedeuten. Und so kann auch jeder durch sein Mittun zu einem lebendigen und schönen Gottesdienst beitragen.

Eröffnung – Wortgottesdienst – Eucharistiefeier – Entlassung

Jede Feier hat einen bestimmten Ablauf. Wie ist das, wenn ihr zum Geburtstag eingeladen seid oder zu einer Familienfeier? Häufig wird es so oder ähnlich ablaufen: Ihr kommt an, begrüßt den, der euch eingeladen hat. Vielleicht hat dein Freund oder deine Freundin, dein Onkel oder deine Tante Geburtstag, oder er oder sie feiert, dass eine Prüfung bestanden wurde. Meist wirst du ein Geschenk mitbringen. Der Gastgeber oder die Gastgeberin eröffnet, wenn alle da sind, das Fest. Der Tisch ist festlich gedeckt. Es gibt etwas Gutes zu essen und zu trinken, man spielt zusammen, die Älteren werden sich unterhalten oder vielleicht einen Spaziergang unternehmen. Manchmal ist so ein Fest genau geplant, aber auch wenn es ganz locker zugeht: Meist läuft es so oder ähnlich ab.

Auch die Messfeier hat einen ganz bestimmten Ablauf. Wie du oben gelesen hast, hat sich einiges im Laufe der vielen Jahrhunderte verändert und auch jede Messfeier und jeder Gottesdienst ist ein wenig anders. Aber dennoch wirst du bestimmte Teile der Messe wiedererkennen, wenn du schon öfters am Gottesdienst teilgenommen hast. Und du wirst merken, vieles, was ich oben über ein Fest erzählt habe, stimmt auch für die Messe.

➪ *Die vier großen Teile der Messe sind:*
Eröffnung
Wortgottesdienst
Eucharistiefeier
Entlassung

Die ERÖFFNUNG führt die Gemeinde, die versammelten Menschen, in den Gottesdienst ein und bereitet die Teilnehmerinnen und Teilnehmer auf die Feier vor.
WORTGOTTESDIENST und EUCHARISTIEFEIER bilden die beiden großen Hauptteile der Messe.
In seinem Wort und in Brot und Wein ist Christus uns bei der Messfeier ganz nah. Er hat seinen Jüngerinnen und Jüngern damals und uns allen zugesagt: „Wo zwei oder drei in meinem Namen versammelt sind, da bin ich mitten unter ihnen" (Matthäusevangelium 18,20).
Bei der ENTLASSUNG werden wir gesegnet und ausgesendet, den Frieden Christi weiterzugeben. Etwas von dem, was wir hier von der Freundschaft Christi und der Liebe Gottes hören und erfahren durften, sollen wir auch anderen Menschen weitergeben: unseren Eltern, unseren Geschwistern, Freundinnen und Freunden, den Armen und Kranken. Die Messfeier ist nicht eine Veranstaltung, die knapp eine Stunde dauert, und dann ist es vorbei, nein: Der Gottesdienst soll sich in unserem Leben fortsetzen.

Die Eröffnung – Hier können wir uns auf den Gottesdienst einstimmen

Wenn wir ehrlich sind: Oft sind wir mit unseren Gedanken noch ganz woanders, wenn wir zum Gottesdienst gehen. So ist es gut, wenn wir ein wenig Zeit bekommen, wenigstens für eine kleine Weile das neueste Computerproblem, die CD unserer Lieblingsgruppe oder die neuen Klamotten aus dem Kopf zu kriegen. Das ERÖFFNUNGSLIED und die BEGRÜßUNG wollen uns auf den Gottesdienst, auf die Gemeinschaft mit Gott und die Menschen einstimmen. Doch zunächst stellen wir uns unter das Kreuz, das Zeichen der Christen. Wir zeigen durch das Kreuzzeichen, dass wir uns „im Namen des Vaters und des Sohnes und des Heiligen Geistes" hier versammelt haben.
Das anschließende SCHULDBEKENNTNIS dient ebenfalls der Vorbereitung. Wir überlegen, was wir in den vergangenen Tagen falsch gemacht haben, was nicht in Ordnung war. Von unserem Streit mit unserem Bruder, unserer Schwester oder unserer Freundin können wir an dieser Stelle Gott erzählen, aber auch, wo wir es versäumt haben, Gutes zu tun und zu helfen, obwohl wir es hätten tun können. Hier ist Zeit, um Gott und einander um Verzeihung zu bitten. Wir können nicht mit anderen in Streit le-

ben, wenn wir uns im Namen Jesu versammeln, um gemeinsam Mahl zu halten.

Mit dem uralten Ruf HERR, ERBARME DICH erkennen wir an, dass Jesus unser Herr ist. Zur Zeit der ersten Christen haben die Menschen dies ihrem König zugerufen, wenn er in einem prachtvollen Zug durch die Straßen zog, um ihm zu huldigen, aber auch, um ihn um bestimmte Dinge zu bitten. Manchmal beten oder singen wir auch heute noch den griechischen Text: Kyrie, eleison.

Ein besonders schönes Gebet, einen regelrechten Lobgesang, den wir oft anschließend singen oder auch sprechen, nennen wir das GLORIA. In der Bibel steht, dass bei der Geburt Jesu die Engel so sangen: „Ehre sei Gott in der Höhe und Friede auf Erden den Menschen ..." (Gloria in excelsis Deo ...).

Anschließend spricht der Priester das TAGESGEBET. Die Gottesdienstteilnehmerinnen und -teilnehmer bekräftigen es am Ende mit dem „Amen". Das heißt so viel wie: Ja, so ist es. Achte einmal auf den Text: An Festtagen findet man im Tagesgebet das Thema des Gottesdienstes.

Der Wortgottesdienst – Wir hören auf Gottes Wort

Im Mittelpunkt des ersten Hauptteils der Messe steht das Wort Gottes. Wir hören die Lesungen und das Evangelium und in der Predigt, was die Bibeltexte für unser Leben bedeuten.

Die erste LESUNG ist dem Alten Testament (man sagt auch Erstes Testament) oder der Apostelgeschichte entnommen. In der zweiten Lesung wird ein Text aus den Briefen des Neuen (oder Zweiten) Testaments vorgetragen. Dabei gibt es bestimmte Regeln, was an welchem Sonntag oder Fest vorgelesen wird. Wenn dich das näher interessiert oder du auch einmal den Dienst des Lektors oder der Lektorin übernehmen möchtest, kannst du darüber mehr im Kapitel über die liturgischen Bücher finden.

Nach der ersten Lesung folgt als Antwort der Gemeinde auf das Wort Gottes der ANTWORTPSALM. Häufig nennt man ihn auch Zwischengesang. Schön ist es, wenn ein Vorsänger oder eine Vorsängerin die Verse im Wechsel mit der Gemeinde vorträgt. Wo dies nicht möglich ist, werden die Texte vom Lektor/von der Lektorin abwechselnd mit den Anwesenden gesprochen, oder es wird ein Lied gesungen, das zu dem Text der Lesung passt.

Besonders bei feierlichen Gottesdiensten wird nun das Evangeliar – oder Evangelienbuch – vom Priester oder Diakon in einer kleinen Prozession zum Lesepult, dem Ambo, gebracht.

Zwei Messdiener/innen tragen Leuchter und stellen sich während des Evangeliums zu beiden Seiten des Ambos. Zur Verehrung Christi, der in seinem Wort unter uns ist, kann das Evangelienbuch beweihräuchert werden. Der RUF VOR DEM EVANGELIUM (Halleluja), den die Gemeinde währenddessen anstimmt, ist ein Ruf der Freude über Christus und seine frohe Botschaft.

Die Verkündigung des EVANGELIUMS ist der Höhepunkt des Wortgottesdienstes. Wir hören die Frohe Botschaft vom Leben Jesu nach einem der vier Evangelisten, nach Matthäus, Markus, Lukas oder Johannes.

In der PREDIGT spricht der Priester oder Diakon über das, was wir gerade aus der Bibel gehört haben, und darüber, was es für unser Leben bedeuten kann.

An Sonn- und Feiertagen bekennen wir nun unseren Glauben. Wir sagen dazu: Wir sprechen das GLAUBENSBEKENNTNIS. Manchmal singen wir auch ein Lied, in dem wir unseren Glauben an Gott und an Christus bekennen.

Die FÜRBITTEN beenden den Wortgottesdienst. Wie der Name schon sagt, bitten wir dabei in erster Linie für andere. Der Lektor oder die Lektorin nennt die Anliegen, die meist vier große Bereiche umfassen: die Weltkirche; die Regierungen und ihre Arbeit; Menschen, die in Not und Bedrängnis sind; die eigene Gemeinde.

Die Eucharistiefeier – Wir feiern mit Jesus das Abendmahl

Jedes Essen muss vorbereitet werden. So beginnt auch der zweite große Teil der Messfeier mit der Bereitung des Essens, man sagt in diesem Fall: GABENBEREITUNG. Hier liegt ein Schwerpunkt eures Messdienerdienstes. Ob ihr oder ein Gemeindemitglied die Gaben zum Altar bringt, immer geschieht es stellvertretend für die ganze Gemeinde. Häufig wird während dieser Zeit Geld gesammelt. Man nennt das „Kollekte". Die Kollekte ist meist für Arme und Bedürftige bestimmt. Erinnert euch an die Beschreibung von Justin (siehe Seite 26/27). Jesus hat sich immer besonders um diese Menschen gekümmert. Deshalb können wir nicht im Namen Jesu gemeinsam sein Mahl feiern und dabei die Not der anderen vergessen.

Die Kollekte sollte möglichst in der Nähe des Altars abgestellt werden.

Der Priester hält nacheinander die Hostienschale und den Kelch empor, sozusagen vor Gott, und spricht ein begleitendes Gebet.

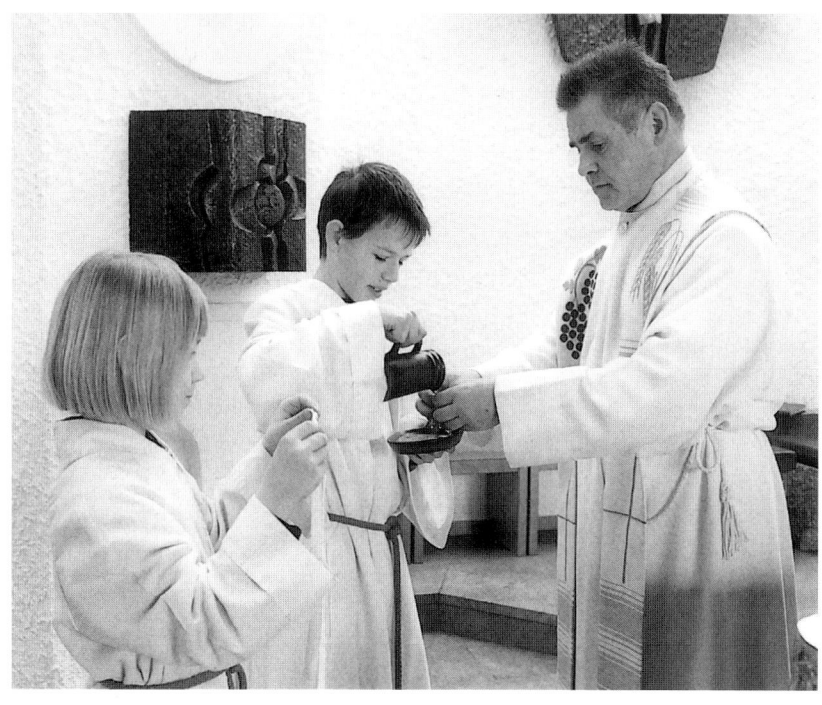

Danach folgt die Händewaschung, bei der wieder euer Dienst als Ministrantin oder Ministrant gefragt ist. Auf das GABEN-GEBET des Priesters antwortet die Gemeinde mit „Amen".

Im Mittelpunkt der Eucharistiefeier steht das EUCHARISTISCHE HOCHGEBET. Es ist ein großes Lob- und Dankgebet mit mehreren Teilen: Präfation (= Einleitung), Sanctus (Heilig, heilig, heilig ...) und Einsetzungsbericht (Wandlung).

Da dies ein besonders wichtiger Teil der heiligen Messe ist, möchte ich ihn dir etwas genauer erklären:

In der PRÄFATION dankt der Priester Gott im Namen aller für seine großen Taten und für bestimmte Ereignisse, die wir im Laufe des Jahres feiern. Dann folgt das gebetete oder gesungene HEILIG, HEILIG, HEILIG.

Der Höhepunkt des Hochgebetes ist die WANDLUNG mit den Einsetzungsworten. So nennt man die Worte, die Jesus zu seinen Freunden im Abendmahlssaal gesprochen hat. Der Priester sagt sie stellvertretend für Christus, der sich uns in Brot und Wein schenken will: „Nehmet und esset alle davon: Das ist mein Leib, der für euch hingegeben wird. ... Nehmet und trinket alle daraus, das ist der Kelch des neuen und ewigen Bundes, mein Blut, das für euch und für alle vergossen wird zur Vergebung der Sünden. Tut dies zu meinem Gedächtnis."

Dass wir in Brot und Wein den Leib und das Blut Christi empfangen, ist für uns nie ganz zu begreifen, auch wenn man noch so viel lernt und darüber nachdenkt. Der Priester oder Diakon erinnert daran, wenn er sagt: Das ist ein „Geheimnis des Glaubens".

Am Ende dieses großen Lob- und Dankgebetes beten wir alle ein gemeinsames „Amen". Das bedeutet so viel wie: Ja, so ist es, ja, das glauben wir.

Das VATERUNSER nennen wir auch das „Gebet des Herrn". Als die Jünger baten: „Herr, lehre du uns beten", gab er ihnen zur Antwort: „Wenn ihr betet, so sprecht: Vater unser ..." (Lukasevangelium 11,2–4). Es ist also ein sehr wichtiges Gebet, und jeder sollte es eigentlich auswendig können. Wir beten es in jedem Gottesdienst. Es zählt zu den wichtigsten Gebeten der Christen, auch wenn sie zu Hause beten.

Nach dem FRIEDENSGRUß des Priesters und unserer Antwort wünschen sich in den meisten Gemeinden die Christen untereinander den „Frieden des Herrn" und geben sich dabei zum Zeichen des Friedens und der Versöhnung die Hand. Eigentlich können wir nur dann unserem Nachbarn oder unserer Nachbarin links und rechts die Hand reichen, wenn wir keinen Streit mit anderen haben und versuchen, zu allen freundlich zu sein. Der Friedensgruß ist kein bloßes Händeschütteln, sondern soll ein Zeichen sein, dass wir es mit dem Frieden in unserer Umgebung ernst meinen.

„LAMM GOTTES, du nimmst hinweg die Sünde der Welt, erbarme dich unser" und „... gib uns deinen Frieden", so beten wir vor dem Kommunionempfang. Das Gebet erinnert an das Paschamahl der Juden beim Auszug aus Ägypten und vergleicht Jesus mit einem unschuldigen, reinen Lamm, das dabei geopfert wurde. Gott rettete damals die Juden aus der Knechtschaft der Israeliten, so wie Gott uns durch Jesus aus Unfreiheit und Schuld zur Freiheit und Liebe befreien will.

Während das „Agnus Dei", so das lateinische Wort, gebetet oder gesungen wird, bricht der Priester das Brot, die Hostie. Eine Weile nannten die ersten Christen die ganze Mahlfeier BROT-BRECHUNG, weil hier besonders gut zum Ausdruck kommt, dass wir alle von Jesus zu diesem Mahl eingeladen sind und von einem Brot essen. „Kommunion" heißt übersetzt Gemeinschaft. In der Kommunion haben wir eine ganz enge Gemeinschaft mit Jesus, aber auch untereinander.

Bei der EINLADUNG ZUR KOMMUNION hebt der Priester die Hostie hoch und spricht mit den Worten Johannes' des Täufers: „Seht das Lamm Gottes, das hinwegnimmt die Sünde der Welt." Wenn wir uns gut in der Bibel auskennen, kommt uns das anschließende Gebet: „Herr, ich bin nicht würdig ..." schon bekannt vor. Ein heidnischer Hauptmann bat Jesus mit diesen Worten um die Heilung seines kranken Dieners (Matthäus 8,5–13; Lukas 7,1–10).

Beim KOMMUNIONEMPFANG sind wir ganz eins mit Jesus und durch seine Liebe zu uns auch ganz eng miteinander verbunden.

Bei besonderen Anlässen wird neben dem Brot auch der Kelch mit Wein gereicht. Vielleicht war es auch bei deiner Erstkommunion so. Der Priester spricht dann: „Der Leib Christi" und: „Das Blut Christi". Wir antworten darauf mit einem deutlich hörbaren „Amen".

Meist wird nach der Kommunion ein Danklied gesungen.

Das SCHLUSSGEBET des Priesters beendet die Eucharistiefeier.

Die Entlassung – Wir nehmen den Segen Gottes mit in unseren Alltag

SEGEN und ENTLASSUNGSGRUß stehen am Ende der Messfeier. Der Priester segnet uns im Namen Gottes. Mit dem Gruß „Gehet hin in Frieden", den der Priester oder Diakon spricht, werden alle in den Alltag entlassen. Wir sind aufgerufen, den Frieden und die Liebe Christi in unsere Häuser zu tragen, in die Schule und an den Arbeitsplatz und zu allen Menschen, mit denen wir jeden Tag zu tun haben.

Die wichtigsten Texte der Messe und deine Aufgaben

Hier kannst du die wichtigsten Texte der Messfeier finden (linke Spalte) und gleichzeitig deine Aufgaben als Ministrant oder Ministrantin während des Gottesdienstes (rechte Spalte). Nicht alles wird in jeder Gemeinde genau gleich gemacht. Wundere dich also nicht, wenn die eine oder andere Kleinigkeit anders ist als hier beschrieben. Und auch innerhalb des Kirchenjahrs gibt es Änderungen. Zum Teil findest du solche Abweichungen und unterschiedlichen Möglichkeiten in Klammern aufgeführt.

Der Ministrantendienst bei der Messe

Kreuzzeichen

In der Sakristei:
Priester: „Unsere
Hilfe ist im Namen
des Herrn."
Messdiener/innen:
„Der Himmel und
Erde geschaffen
hat."

Wo üblich:
Messdiener/innen läuten
die Eingangsglocke.

Die Eröffnung

Einzug
Zum Einzug Orgelspiel oder Eingangslied

Je nach Anzahl der Ministrantinnen
und Ministranten (feierlicher Einzug) in folgender Reihenfolge:
Weihrauchträger/in, Messdiener/in
mit Vortragekreuz, Leuchterträger/
innen, Altardiener/innen, Priester;
am Altar Kniebeuge (falls der Tabernakel in der Nähe des Altars ist)
oder Verneigung (eventuell Beweihräucherung); Ministrant/innen gehen zu ihren Plätzen.

Kreuzzeichen: „Im Namen des Vaters und des Sohnes und des Heiligen Geistes."

Begrüßung

Schuldbekenntnis
„Ich bekenne Gott, dem Allmächtigen ..."

Kyrie
„Herr, erbarme dich."
„Christus, erbarme dich."
„Herr, erbarme dich."

Gloria
(an Sonntagen außerhalb der Fasten- und Adventszeit und an allen
Festen)
„Ehre sei Gott in der Höhe ..."

Tagesgebet

(Ministrant/in hält das Messbuch.)

35

Wortgottesdienst

Erste Lesung

Antwortpsalm

Zweite Lesung

Ruf vor dem Evangelium
(außerhalb der Fastenzeit: Halleluja)

Bei feierlichen Gottesdiensten: kleine Prozession zum Ambo. Zwei Ministrant/innen mit Leuchtern (und der/die Weihrauchträger/in) begleiten Priester oder Diakon mit Evangeliar (Lektionar) zum Ambo.

Evangelium

Predigt

Glaubensbekenntnis

Fürbitten

Eucharistiefeier

Gabenbereitung
Der Priester hebt nacheinander die Schale mit Brot und den Kelch mit Wein vor Gott hin und stellt sie auf den Altar.

Messdiener/innen bringen leeren Kelch mit Korporale und Kelchtuch (breiten das Korporale aus, stellen den Kelch darauf). Messdiener oder Gläubige bringen Hostienschale mit Hostien; Messdiener/in Kännchen mit Wein und Wasser.
(Bei feierlichen Anlässen: Beweihräucherung des Altars)

Anschließend Händewaschung, danach Gabengebet

Unterdessen wird die Kollekte eingesammelt.

Zur Händewaschung bringt ein/e Ministrant/in Wasserschale und Wasserkännchen und schüttet dem Priester etwas Wasser über die Hände; ein zweiter/eine zweite bringt das Handtuch.

Das eucharistische Hochgebet

(Großes Lob- und Dankgebet)

Präfation
Sie beginnt mit den Wechselrufen zwischen Priester und Gemeinde:
Pr.: „Der Herr sei mit euch."
Alle: „Und mit deinem Geiste."
Pr.: „Erhebet die Herzen."
Alle: „Wir haben sie beim Herrn."

Nach der Gabenbereitung stellen sich die Messdiener/innen um den Altar, bei feierlichen Gottesdiensten eventuell mit Kerzen (Flambeaus).

Pr.: „Lasset uns danken dem Herrn,
unserm Gott."
Alle: „Das ist würdig und recht."
Pr.: „In Wahrheit ist es würdig und·
recht ..."

Sanctus
„Heilig, heilig, heilig, Gott, Herr al-
ler Mächte und Gewalten. Erfüllt
sind Himmel und Erde von deiner
Herrlichkeit.
Hosanna in der Höhe.
Hochgelobt sei, der da kommt im
Namen des Herrn.
Hosanna in der Höhe."

Fortsetzung des Lob- und Dankge-
bets:
In seinem Mittelpunkt die Wand-
lung, mit den Worten Jesu:
„Nehmet und esset alle davon:
Das ist mein Leib, der für euch hin-
gegeben wird.
Nehmet und trinket alle daraus:
Das ist der Kelch des neuen und
ewigen Bundes, mein Blut, das für
euch und für alle vergossen wird zur
Vergebung der Sünden.
Tut dies zu meinem Gedächtnis."

Pr.: „Geheimnis des Glaubens."
Alle: „Deinen Tod, o Herr, verkünden wir, und deine Auferstehung
preisen wir, bis du kommst in
Herrlichkeit."

Vaterunser

Friedensgruß
Pr.: „Der Friede des Herrn sei alle-
zeit mit euch."
Alle: „Und mit deinem Geiste."

Agnus Dei/Brotbrechung
„Lamm Gottes, du nimmst hinweg
die Sünde der Welt, erbarme dich
unser." (2 x)
„Lamm Gottes, du nimmst hinweg
die Sünde der Welt, gib uns deinen
Frieden."

Wo üblich, schellen oder läuten die
Messdiener/innen, wenn der Priester Brot und Wein emporhebt.

(Vor dem Vaterunser werden die
Kerzen und eventuell das Rauchfass
in die Sakristei zurückgebracht.)

Kommunion

Nach der Kommunion: Messdiener/ Messdienerin bringt Wasser- und Weinkännchen und gießt daraus Wasser und etwas Wein zur Reinigung in den Kelch. Danach den Kelch und gegebenenfalls die leere Hostienschale zurück zur Kredenz bringen.

Entlassung

Segen und Entlassung
Pr: „Gehet hin in Frieden."
Alle: „Dank sei Gott, dem Herrn."

Beim Auszug geht der Priester mit den Helferinnen und Helfern nach einer Kniebeuge in der selben Reihenfolge in die Sakristei zurück wie beim Einzug.

 ◆ Rätselecke: Da fehlt etwas!

Und jetzt noch ein Rätsel zum Schluss. Falls du etwas nicht weißt, kannst du natürlich noch einmal auf den vorherigen Seiten oder im „Gotteslob" Nr. 353–366 nachschauen.

Die folgenden Texte werden in der Messe gesprochen.
Wer kennt sich aus und kann die fehlenden Worte ergänzen?

1. Der   sei mit euch.
   Und mit deinem   .

2.   des lebendigen Gottes.

3. Aus dem heiligen   nach Markus.

4. Gehet hin in   .
   Dank sei Gott, dem Herrn.

5. Ich   Gott, dem Allmächtigen, und allen Brüdern und Schwestern ...

6. Deinen   , o Herr, verkünden wir,
   und deine   preisen wir,
   bis du kommst in Herrlichkeit.

7. Ehre sei ▓ ▓ ▓ in der Höhe.

8. Ich ▓ ▓ ▓ ▓ ▓ an Gott, den Vater, den Allmächtigen.

9. Erhebet die Herzen. Wir haben sie beim ▓ ▓ ▓ ▓ ▓.

10. Evangelium unseres Herrn Jesus Christus.
    ▓ ▓ ▓ sei dir, Christus.

11. ▓ ▓ ▓ ▓ Gottes, du nimmst hinweg die Sünde der Welt.

12. Es ▓ ▓ ▓ ▓ ▓ euch der allmächtige Gott, der Vater, der
    Sohn und der Heilige Geist.

Grundhaltungen und Gesten – Mit dem Körper sprechen

Kannst du dich erinnern, dass du einmal vor Freude in die Hände geklatscht hast oder gar hochgesprungen bist? Oder du hast deinen Freund oder deine Freundin umarmt? Irgendwie musstest du deine Freude auch durch deinen Körper, durch eine Bewegung oder eine Geste ausdrücken. Umgekehrt, auch wenn man traurig ist, sieht man es demjenigen meistens an. Jeder Mensch spricht nicht nur durch Worte, sondern eben auch durch seinen Körper. Durch unsere Körperhaltung, aber auch mit verschiedenen Gesten, können wir Angst und Freude, Zuneigung und Abwehr, Ehrfurcht vor einem Menschen oder Geringschätzung ausdrücken. Meist geschieht dies sogar unbewusst, indem wir durch Gesten unsere Worte begleiten. Man sagt: Da redet einer mit Händen und Füßen.
Auch während des Gottesdienstes nehmen wir viele verschiedene Haltungen ein: Wir sitzen, stehen und knien, wir machen das Kreuzzeichen oder eine Kniebeuge.
Bei deinem Dienst geschieht dies sogar noch häufiger als bei den anderen Gottesdienstteilnehmern. Hast du schon einmal überlegt, was die einzelnen Bewegungen und Gesten bedeuten? Vieles kannst du bereits erahnen, wenn du einmal ganz bewusst solche Körperhaltungen mit vollziehst. Was empfindest du bei-

spielsweise, wenn du zu Beginn des Gottesdienstes eine Kniebeuge vor dem Tabernakel machst? Ist es nicht ein wenig das
Gefühl des Sich-Kleinmachens vor Gott?
Nur wenn man sich immer wieder einmal bewusst macht, was
die einzelnen Gesten und Handlungen bedeuten, und sie nicht
einfach gedankenlos „vor sich hin" tut, haben sie eigentlich
einen Sinn. Dann drücken sie wirklich das aus, was sie bedeuten.

Stehen

Wenn wir im Gottesdienst stehen, stehen wir vor Gott. Wir stehen also nicht einfach irgendwie herum, sondern es ist eine Haltung der Aufmerksamkeit. Stehen bedeutet: Ich bin bereit. Wer
steht, der kann sofort auf und davon gehen und einen Auftrag
ausführen. Wir beginnen und beschließen den Gottesdienst stehend. Wir hören stehend das Evangelium, stehen bei den verschiedenen Gebeten des Priesters, vor allem bei der Präfation
und beim Vaterunser. Wir stehen auch, wenn wir das Gloria singen, das Halleluja und das Sanctus.

Sitzen

Sitzen ist die Haltung des Nachdenkens und Überlegens, der
Besinnung und vor allem des Zuhörens.
Wir sitzen bei den Lesungen, beim anschließenden Antwortpsalm
und bei der Predigt. Wir sitzen auch während der Gabenbereitung
und bei der stillen Zeit nach der Kommunion. Wir können dabei
ruhig und aufmerksam werden für das, was Gott uns sagen will.
Wenn du als Ministrant/Ministrantin während des Gottesdienstes sitzt, achte auf eine aufrechte Haltung und stelle beide Beine
nebeneinander – schlage sie auf keinen Fall übereinander!

Knien/Kniebeuge und Verneigung

Wer niederkniet, so hast du schon gelesen, macht sich klein vor
Gott. Du zeigst dadurch: Ich weiß, du bist unendlich groß, und
ich bin klein vor dir. So erkennen wir beim Knien die unendliche
Größe Gottes an. Es ist wie ein Gebet ohne Worte.

Die Kniebeuge hat die gleiche Bedeutung wie das Knien, nur ist sie kürzer. Und wenn man sich niederwirft, wie mancherorts am Karfreitag der Priester vor dem Altar, dann ist dies der stärkste Ausdruck des Sich-Kleinmachens. Andere Religionen kennen ebenfalls diese Geste.

Auch die Verneigung ist ein Zeichen der Verehrung und der gegenseitigen Aufmerksamkeit, wie zum Beispiel bei der Gabenbereitung.

Bei der Kniebeuge achte bitte darauf, dass dein Oberkörper aufgerichtet bleibt, während du dein rechtes Knie langsam neben die linke Ferse setzt.

Gehen

Eigentlich ist das Gehen etwas ganz Normales. Trotzdem kann es auch ein Zeichen sein. Zum Beispiel bei Prozessionen, wie etwa an Fronleichnam. Wir begleiten dann den Priester, der den Leib des Herrn durch die Straßen trägt.

Wenn wir gehen, dann sind wir unterwegs.

Händefalten

Um beten zu können, brauchen wir eine gewisse Ruhe. Damit ist nicht nur die Ruhe um uns herum gemeint – natürlich kann man schlecht beten, wenn man den CD-Player auf volle Power gestellt hat – nein, wir müssen auch in uns selbst still werden. Wenn ich die Hände ineinander füge, die einzelnen Finger ineinander verschränke, ist es, als ob ich mich zurückziehe. Ich kann mich sammeln und nachdenken. Ich kann mit Gott sprechen und in mich „hineinhören". Wer hören will, braucht Ruhe.

Der Priester betet während der Messe mit ausgebreiteten Händen. Von alten Darstellungen wissen wir, dass auch die Christen in den ersten Jahrhunderten so gebetet haben. Man sagt dazu: Oranten-Haltung. Oranten heißt: „Betende". Die ausgebreiteten Hände erinnern uns an die Kreuzigung Jesu. Wenn ich die Hände ausbreite, bin ich aber auch offen, alles anzunehmen, was Gott für mich bereithält. Der Priester oder auch der Diakon steht hier stellvertretend für die Gläubigen. Die offenen, ausgebreiteten Hände beim Gebet wollen die Gebete aller Anwesenden, ja aller Christen mit einschließen.

Kreuzzeichen

Wenn wir beten, beginnen wir mit einem Kreuzzeichen, und zum Abschluss bekreuzigen wir uns ebenfalls. Auch wenn wir eine Kirche betreten, machen wir ein Kreuzzeichen. Das Kreuz ist Zeichen unserer Erlösung. Daher ist es für uns Christen so wichtig. Manchmal sieht man in der Kirche Leute, die so hastig das Kreuz schlagen, dass man es fast gar nicht mehr erkennen kann. Sie denken sicher nicht an seine Bedeutung und daran, dass es ein Gebet ist. Wir stellen uns durch dieses Zeichen unter den Schutz des Kreuzes und damit unter den Schutz „des Vaters, des Sohnes und des Heiligen Geistes". Bei einem langsamen und großen Kreuzzeichen von der Stirn zur Brust und von der linken Schulter zur rechten sollen wir spüren, dass wir vom Kreuz umfasst werden.

Zu Beginn des Evangeliums machen wir drei kleine Kreuzzeichen mit dem Daumen. Zuerst auf die Stirn: mit unserem Verstand wollen wir das Evangelium begreifen; auf den Mund: mit unserem Mund wollen wir es bekennen; auf die Brust: wir wollen nach Gottes Wort handeln und es im Herzen bewahren.

An die Brust schlagen

Wenn wir beim Schuldbekenntnis der Messe sprechen „… durch meine Schuld" oder vor der Kommunionausteilung „Herr, ich bin nicht würdig", schlagen wir uns an die Brust. Es ist ein Zeichen von Buße und Reue. Und wenn es wirklich ein „An-die-Brust-Schlagen" ist, können wir die Bedeutung regelrecht spüren: ein Wachrütteln, ein Aufruf zur Besinnung.

Die liturgischen Geräte – das Handwerkszeug eines Ministranten/einer Ministrantin

Im Zusammenhang mit der Messe benutzen wir oft das Wort „Feier". Wir sprechen von der Messfeier, Eucharistiefeier oder sagen: Wir feiern Gottesdienst. Fest, Feier und Liturgie haben viel miteinander zu tun. Das lässt sich auch gut an den Gegenständen und Gewändern ablesen, die dabei benutzt werden.

Schau dir einmal zu Beginn der Messe den Gottesdienstraum genau an. Besonders den Altar: ein schönes weißes (Tisch-)Tuch, Kerzen, Blumen – so decken wir auch zu Hause den Tisch. Dann eine wertvolle Schale für das Brot, einen Kelch für den Wein – auch deine Eltern benutzen bei einer Feier das schönste Geschirr und die wertvollsten Trinkgläser. Schon immer wollten Menschen durch prächtige Kirchen, Geräte und Gewänder Gott verehren und zeigen: Hier geschieht etwas ganz Besonderes, etwas für uns ungeheuer Großes und Wichtiges.

Während deines Dienstes als Ministrantin oder Ministrant hast du mit vielen verschiedenen Gegenständen zu tun, man nennt sie liturgische Gegenstände. Deshalb ist es wichtig, sie genauer kennen zu lernen und darüber Bescheid zu wissen, wann und wie sie verwendet werden.

Auf dem Altar oder in seiner Nähe

Außer mit dem ALTARTUCH, das die Festlichkeit des Mahls unterstreicht, ist der Altar mit mindestens zwei Kerzen geschmückt. KERZEN haben eine tiefe und schöne Bedeutung in der Liturgie. Du kennst vielleicht schon Tauf- und Osterkerzen. Aber ganz sicher hast du bei der Erstkommunion eine geschmückte Kerze in den Händen gehalten. Bei feierlichen Gottesdiensten werden von den Messdienerinnen und Messdienern Fackeln und Leuchter getragen. Oft stehen dann bei der Verkündigung des Evangeliums zwei Ministrantinnen oder Ministranten mit Leuchtern neben dem Ambo und während des Hochgebets mit Kerzen am Altar. Kerzen sind ein Zeichen für Christus, der gesagt hat: „Ich bin das Licht der Welt." Und er hat auch gesagt: „Ihr seid das Licht der Welt." Durch Christus können wir auch für andere Menschen wie Licht sein und in ihr Leben ein wenig Helligkeit bringen.

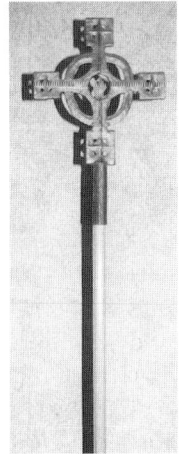

In manchen Gemeinden stehen die Kerzen nicht auf dem Altar, sondern in seiner Nähe, ebenso wie das Kreuz, das für alle gut sichtbar sein sollte. Oft wird auch das VORTRAGEKREUZ im Altarraum aufgestellt. Es wird zum Einzug bei Festgottesdiensten von einem Messdiener vorangetragen, ebenfalls bei Prozessionen und bei Beerdigungen.

SCHELLEN und ALTARGLOCKEN machen auf wichtige Stellen im Gottesdienst aufmerksam, wie zum Beispiel bei der Wand-

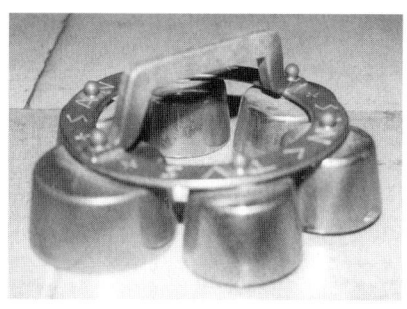

lung während der Messe oder beim Segen mit der Monstranz. (Davon wirst du später noch mehr hören.) Als die Messe noch in der lateinischen und nicht in der Muttersprache gefeiert wurde, war dies sogar dringend notwendig. Denn so konnten die Menschen den Verlauf des Gottesdienstes besser mit verfolgen.

Schellen können auch bei besonders festlichen Augenblicken als Ausdruck des Lobes eingesetzt werden. Zum Beispiel wird das Lied „Großer Gott, wir loben dich" („Gotteslob" Nr. 257) häufig von Messdienerinnen oder Messdienern mit Schellen begleitet.

Zu Beginn der Gabenbereitung wird das KORPORALE, ein mehrfach gefaltetes, weißes Tuch, auf dem Altar ausgebreitet. Obwohl es eigentlich zum Ministrantendienst gehört, übernimmt dies in vielen Gemeinden der Priester selbst. Trotzdem eine kleine Hilfe für dich: Beim Entfalten des Tuches siehst du, dass eines der neun quadratischen Felder mit einem Kreuz gekennzeichnet ist. Breite das Korporale so auf dem Altar aus, dass die Markierung am Altarrand, direkt vor dem Priester liegt. Das Wort „Korporale" geht auf das lateinische „corpus" zurück. Corpus heißt Leib. Der Name dieses Tuches hat mit seiner Aufgabe zu tun: Auf ihm werden Kelch und Hostienschale abgestellt.

Auf der Kredenz

Kredenz, so nennt man einen kleinen Tisch in der Nähe des Altars. Er ist für dich von besonderer Bedeutung, denn hier stellt der Küster oder die Küsterin (der Mesner/ die Mesnerin) die für die Messe notwendigen Gegenstände ab, die ihr Ministranten später zur Gabenbereitung an den Altar bringt: zunächst den KELCH mit dem

44

KELCHTUCH, einem kleinen weißen Tuch zum Säubern des Kelches nach der Kommunion. Manchmal ist der Kelch noch mit der PALLA zugedeckt und mit dem KELCHVELUM verhüllt. Die Palla ist ein kleiner weißer Deckel, das Kelchvelum ein Tuch, das meist der liturgischen Tagesfarbe angepasst ist und manchmal auch im selben Stoff und mit demselben Muster wie das Messgewand gearbeitet wurde.

Die HOSTIENSCHALE mit den eingelegten Hostien wird in vielen Gemeinden vom Kommunionspender zum Altar gebracht. Dieser Dienst kann auch von einem Ministranten oder einer Ministrantin übernommen werden.

Auf der Kredenz stehen ebenfalls die beiden KÄNNCHEN MIT WEIN UND WASSER bereit. Wenn die beiden Kännchen aus Glas sind, kannst du relativ einfach erkennen, welches das Wasser und welches den Wein enthält.

Sind sie aus Keramik oder Metall, ist es schon schwieriger. Deshalb sind die allermeisten Gefäße gekennzeichnet, damit man sie unterscheiden kann: Das Kännchen mit Wasser trägt ein A (lat. Aqua) für Wasser; ein V (lat. Vinum) kennzeichnet das Weingefäß.

Nachdem der Priester die Gaben bereitet hat, reinigt er seine Hände. Für die Händewaschung benötigt er das Wasserkännchen mit einer Schale zum Auffangen des Wassers und ein Handtuch. Das kleine Handtuch nennt man auch LAVABOTUCH. Lavabo ist das lateinische Wort für „Ich wasche mich". Das Waschen der Hände ist ein Zeichen für das innere Vorbereiten, sozusagen das „innere Waschen". Der Priester spricht dabei: „Herr, wasche ab meine Schuld, von meinen Sünden mache mich rein."

Für besondere Gelegenheiten

Neben den Geräten, die man für die Feier der Messe benötigt, gibt es auch noch eine ganze Reihe anderer liturgischer Geräte.

Weihrauchfass und Schiffchen

Weihrauch ist ein Zeichen der Verehrung und der Anbetung. Die Juden brachten Gott auf einem Räucheraltar Weihrauch dar und

huldigten ihm durch dieses Opfer. Sie glaubten, dass Gott an dem Wohlgeruch Gefallen findet. Du kennst Weihrauch als eine der Gaben der drei Magier, die nach Betlehem zogen. Weihrauch besteht aus kleinen Harzkörnern eines bestimmten Baumes. Er war zur Zeit der Bibel sehr, sehr wertvoll. Schon im Alten Testament heißt es: „Wie Weihrauch steige mein Gebet zu dir empor" (Psalm 141,2). Auch im letzten Buch der Bibel, der Offenbarung des Johannes, werden die Gebete der Heiligen mit Weihrauch verglichen (Offenbarung 5,8 und 8,1–4).

Das Weihrauchspenden bei feierlichen Gottesdiensten, bei Andachten, Prozessionen, aber zum Beispiel auch bei Beerdigungen gehört zu den besonderen Aufgaben des Ministrantendienstes. Aber es ist nicht ganz einfach und braucht etwas Übung. Im RAUCHFASS befindet sich eine herausnehmbare Glutpfanne. In sie werden glühende Kohletabletten gelegt, die man zuvor über einer Kerze oder auf einem elektrischen Kohleanzünder glühend machen kann. Während der Benutzung sollte der Deckel etwas angehoben werden, damit der Rauch besser entweichen kann.

Das SCHIFFCHEN ist der Weihrauchbehälter, in dem sich auch ein Löffelchen zum Einlegen des Weihrauchs befindet. Wer solch ein Schiffchen anschaut, weiß sofort, dass es seinen Namen von seiner Form bekommen hat.

Zwei Messdiener/innen tragen das Weihrauchfass mit der glühenden Kohle und das Schiffchen mit den Weihrauchkörnern, die der Priester dann mit dem kleinen Löffel auf die Kohle legt. Bei feierlichen Gottesdiensten können das Evangelienbuch, das Vortragekreuz, die Eucharistie, Priester und Gemeinde inzensiert, das heißt beweihräuchert, werden.

Weihwasserkessel und Aspergill

Über das WEIHWASSER hast du schon an verschiedenen Stellen in diesem Buch gelesen. Es ist ganz wichtig bei der Taufe; du benutzt es aber auch jedes Mal, wenn du beim Eintreten oder beim Verlassen der Kirche ein Kreuzzeichen machst. Außerdem wird das Weihwasser bei Beerdigungen und bei verschiedenen Segnungen verwendet. Zu Beginn der Messe können die Gottesdienstteilnehmer als Erinnerung an ihre Taufe mit Weihwasser besprengt werden.

Bei diesen Gelegenheiten reicht der Messdiener oder die Messdienerin dem Priester das Aspergill und hält das Weihwassergefäß. ASPERGILL nennt man den Weihwasserwedel, nach dem lateinischen „Asperge me", das heißt „besprenge mich".

Monstranz, Lunula und Custodia

Wenn du schon einmal bei einer Fronleichnamsprozession dabei warst, dann kennst du bereits das kunstvoll verzierte Gerät, in dem der Priester oder Diakon das heilige Brot durch die Straßen trägt.

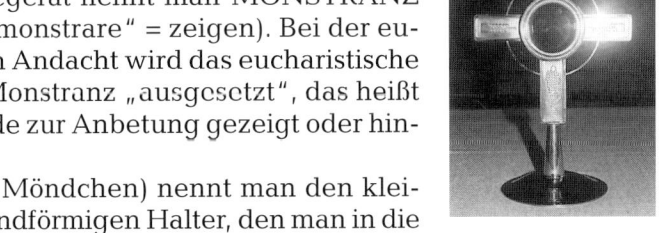

Dieses Zeigegerät nennt man MONSTRANZ (lateinisch „monstrare" = zeigen). Bei der eucharistischen Andacht wird das eucharistische Brot in der Monstranz „ausgesetzt", das heißt der Gemeinde zur Anbetung gezeigt oder hingestellt.

LUNULA (= Möndchen) nennt man den kleinen, halbmondförmigen Halter, den man in die Monstranz einfügen kann. Nach der Aussetzung und dem Segen wird die Lunula mit der Hostie in einem eigenen Gefäß, der CUSTODIA, im Tabernakel aufbewahrt.

Andere liturgische Geräte

Es wäre schön, wenn euch der Küster oder die Küsterin (Mesner oder Mesnerin) einmal durch die Sakristei führt und euch die Geräte zeigt, die ihr noch nicht von der Messe her kennt. Zum

Beispiel benötigt der Priester oder Diakon für die Taufe Gefäße mit CHRISAM und KATECHUMENENÖL.

Bei der Firmung wirst du ebenfalls einmal durch den Bischof oder einen seiner Stellvertreter mit Chrisam gesalbt. Das Öl wird in einem eigenen Gottesdienst, zu dem alle Priester des Bistums eingeladen sind, vom Bischof am Gründonnerstag oder einem der vorhergehenden Tage geweiht.

Zu jeder Gelegenheit das passende Outfit – Die liturgischen Gewänder

Wenn du zu einem Fest eingeladen bist, ziehst du wahrscheinlich etwas anderes an als das, was du trägst, wenn du zum Sport gehst.

Auch der Priester und seine Helferinnen und Helfer tragen beim Gottesdienst besondere Gewänder. Diese liturgische Kleidung kann in Afrika oder Asien anders aussehen als bei uns, und auch in Europa hat sie sich – wie die sonstige Mode auch – immer wieder verändert. Heute ist sie schlichter als noch vor einigen Jahrzehnten. Aber immer sind es festliche Gewänder, die uns auch äußerlich zeigen, dass wir zu einer großen und schönen Feier zusammengekommen sind.

Priester, Diakone und Messdiener/innen tragen verschiedenartige Gewänder, so wie auch ihre Ämter beim Gottesdienst unterschiedlich sind. Man kann also bereits an der Kleidung erkennen, welchen Dienst jeder beim Gottesdienst ausübt.

Und ein wenig ist der Gottesdienst auch ein Spiel, in dem jeder eine bestimmte Rolle und dazu die richtigen Gewänder hat.

Fangen wir mit euren Gewändern, den Messdienergewändern, an.

Die Gewänder der Messdienerinnen und Messdiener

Es gibt mehrere Arten von Messdienergewändern. Häufig tragen Ministranten einen schwarzen oder roten Talar, das ist ein mantelartiges, langes Gewand. Darüber zieht man ein weißes, hemdartiges Rochett. Es reicht meist bis etwa an die Knie und wird ausschließlich über dem Talar getragen.

Manchmal findet man auch noch Kragen, Rock und Chorhemd. Rock und Kragen haben dann die Farben des Kirchenjahrs. Immer häufiger allerdings ziehen Ministranten naturfarbene albenähnliche Kutten an, die von einem Zingulum zusammengehalten werden. Das Zingulum ist eine Art Gürtel oder Strick. Es ist entweder ebenfalls naturfarben oder in den verschiedenen liturgischen Farben vorhanden.

Die Gewänder des Priesters bei der Messe

Bei der Messfeier trägt der Priester ALBE, STOLA und MESS-GEWAND und eventuell ein SCHULTERTUCH, ein weißes Tuch, das zum Schutz der liturgischen Gewänder um die Schultern gelegt und mit Bändern fest geschnürt wird. Je nach Art der Albe benötigt man noch ein ZINGULUM.

Diese Gewänder haben sich aus der zur Römerzeit getragenen Kleidung entwickelt, die *Albe* zum Beispiel aus der bis zu den Knöcheln reichenden Tunika. Vielleicht hast du ein solches Gewand sogar schon einmal in Geschichtsbüchern gesehen. Auch die neugetauften Christinnen und Christen trugen solche weißen Kleider.

Man kennt bis heute verschiedene Arten von Alben, je nach Form trägt man die Stola unter oder über der Albe. Die *Stola* ist eine Art wertvoller Schal. Sie ist das Amtszeichen des Priesters und auch des Diakons. Sie wird deshalb nicht nur bei der Messe getragen, sondern zum Beispiel auch bei Sakramentenspendungen wie Taufe, Eheschließung, Trauung, bei Beerdigungen und Segnungen usw., also bei allen liturgischen Handlungen.

Der Diakon trägt die Stola allerdings anders als der Priester, nämlich von der linken Schulter zur rechten Körperseite. Du kannst daran immer sehen, ob du einen Priester oder einen Diakon vor dir hast.

Das *Messgewand* ist – wie der Name schon sagt – das Hauptgewand des Priesters bei der Messe. Man nennt es auch Kasel. Das kommt aus dem Lateinischen und bedeutet so viel wie „Häuschen". Warum? Es entstand aus einem altrömischen Schutzmantel, der den Körper von allen Seiten einschloss und nur Raum für den Kopf ließ. Daher der Name. Als dann die Stoffe immer wertvoller und schwerer wurden, entwarf man immer kürzere und damit auch leichtere Gewänder. Ihrem Aussehen entsprechend gab man ihnen den Namen „Bassgeigen". Vielleicht hast

Mantelalbe

Albe

Messgewand

Talar und Chorrock

du auch in deiner Gemeinde schon einmal ein solches, oft gold-
besticktes Gewand gesehen. In Dommuseen kann man sie auf
jeden Fall noch anschauen.
Heute sind die Messgewänder wieder länger und meist schlichter (siehe Abbildung Seite 50).
Das Obergewand des Diakons nennt man übrigens DALMATIK.

Die Gewänder von Priester und Diakon bei anderen Gottesdiensten

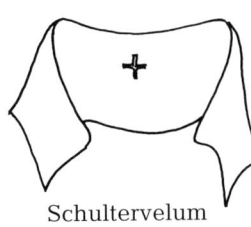

Schultervelum

Auch bei anderen Gottesdiensten oder
Sakramentenspendungen kann der Priester oder Diakon Albe und Stola tragen.
Aber auch TALAR und ROCHETT
(CHORROCK), von denen du oben schon
gehört hast, sind mög-
lich.
Bei feierlichen Andachten oder zum Beispiel auch bei der Fronleichnamsprozession tragen Priester und Diakon einen
langen, oft reich verzierten CHORMAN-
TEL. Man nennt ihn auch Rauchmantel (weil meist auch währenddessen Weihrauch verwendet
wird).
Für den sakramentalen Segen
wird zusätzlich vom Küs-
ter oder Messdiener zum
Anfassen der Monstranz
das VELUM umgelegt.
Es ist ein Zeichen für
die Ehrfurcht vor dem
Leib Christi, mit dem der
Priester oder Diakon die Gemeinde segnet. Das Velum hat Ähn-
lichkeit mit der Stola, nur ist es viel brei-
ter.

Chormantel

Zum Schluss noch ein Tipp: Lasst euch in einer eurer Messdiener-
stunden doch einmal die verschiedenen liturgischen Gewänder
zeigen, auch die ganz alten, wenn es in eurer Gemeinde welche
gibt.

Bunt wie ein Regenbogen – Die liturgischen Farben

Sicher hast du auch schon einmal die Sprichwörter gehört: „Rot ist die Liebe" oder „Grün ist die Hoffnung". Fußballtrikots oder Nationalfahnen haben bestimmte Farben. Und wenn wir jemanden auf der Straße treffen, der ganz in Schwarz gekleidet ist, denken wir sofort: Hier muss ein naher Verwandter gestorben sein. Er oder sie ist in Trauer. Die Farbe Schwarz weckt in uns Vorstellungen von Angst, Trauer und Alleinsein. Bei Weiß denkt man an einen festlich gedeckten Tisch, an eine Braut in Weiß oder Ähnliches. Wir verbinden mit bestimmten Farben bestimmte Vorstellungen. Das ist nicht nur bei uns so. In anderen Kulturen und Religionen ist es ähnlich.

Auch in der Liturgie wechselt die Farbe von Messgewand und Stola und oft auch die Farbe eurer Ministrantengewänder. Je nach der Zeit im Kirchenjahr und dem jeweiligen Fest oder Gedenktag sind die Gewänder weiß, rot, grün, violett oder schwarz. In manchen Gemeinden gibt es auch noch rosa oder blaue Gewänder. Das Kelchvelum ist oft ebenfalls in der liturgischen Farbe des Tages gehalten.

WEIß ist die Farbe der Freude und Festlichkeit, der Klarheit, Reinheit und des Lichts.
Sie wird verwendet in der Oster- und Weihnachtszeit, an den so genannten Herrenfesten (also Festen, in denen Jesus Christus im Mittelpunkt steht), an Muttergottesfesten, bei Festen der Engel und Gedenktagen der Heiligen (außer bei Märtyrern).

ROT ist die Farbe des Feuers (des Geistes Gottes) und der Liebe, aber auch die Farbe des Blutes.
Sie wird verwendet am Palmsonntag, an Karfreitag und Pfingsten; außerdem an Märtyrer- und Apostelfesten.

GRÜN ist die Farbe der Hoffnung.
Sie wird an den Sonn- und Wochentagen im Jahreskreis verwendet.

VIOLETT ist die Farbe der Umkehr und der Buße.
Sie wird im Advent und in der österlichen Bußzeit (Fastenzeit) verwendet. Daneben kann sie auch wahlweise bei Trauergottesdiensten und beim Begräbnis benutzt werden.

SCHWARZ ist die Farbe der Trauer.
Sie kann beim Begräbnis und bei der Messe für Verstorbene benutzt werden.

Statt der Bußfarbe Violett wird in manchen Gemeinden am 3. Advent und am 4. Fastensonntag auch ein rosafarbenes Messgewand getragen. So drückt sich, in der Mitte der jeweiligen Bußzeit, die erwartungsvolle Freude der Lesungen auch in der Farbe aus.
Blau ist eigentlich keine liturgische Farbe. Dennoch wird mancherorts bei Marienfesten statt eines weißen ein blaues Messgewand getragen.

◆ Rätselecke: Weißt du Bescheid über liturgische Geräte, Gewänder und ihre Farben?

Bitte ankreuzen; mehrere Antworten sind möglich.

1. Die Stola
- a) ist das Amtszeichen des Priesters
- b) ist das Amtszeichen des Diakons
- c) ist ein meist aus besonders wertvollen Stoffen hergestelltes Kleidungsstück für Frauen
- d) ist ein unterirdischer Gang für Bergleute

2. Die Albe
- a) ist ein (Jura-)Gebirge
- b) ist ein weißes liturgisches Grundgewand
- c) ist ein Gewand, das der Diakon trägt

3. Das Schultertuch
- a) wird von den Fahnenträgern bei Umzügen und Prozessionen verwendet
- b) dient dem Schutz der liturgischen Gewänder
- c) wird unter dem Messgewand getragen
- d) ist in schwarzer Farbe, da schmutzunempfindlicher

4. *Die Kredenz ist*

a) ein kleiner Tisch, auf dem die liturgischen Geräte bereitgestellt werden

b) eine Karaffe mit Wein oder einem anderen Getränk, die
für Gäste bereitsteht

c) die Bezeichnung für das Tablett mit Wasser- und Weinkännchen für die Gabenbereitung

5. *Das Lavabotuch*

a) ist ein kleines Handtuch

b) nennt man auf Deutsch auch Kelchtuch

c) benutzt der Priester beim Erheben der Monstranz

6. *Lunula*

a) heißt übersetzt so viel wie kleiner Mond oder Möndchen

b) ist eine kleine Dose, die man für die Krankenkommunion
verwendet

c) ist ein Halter, den man in die Monstranz einfügen kann

d) wird in der Custodia im Tabernakel aufbewahrt

7. *Chrisam wird verwendet*

a) bei der Taufe

b) bei der Firmung

c) bei der Eheschließung

d) bei der Erstkommunion

8. *Rot als liturgische Farbe trägt der Priester*

a) an Pfingsten

b) am Karfreitag

c) bei Märtyrerfesten

d) bei der Eheschließung

9. *Weiß als liturgische Farbe ist vorgesehen*

a) in der Weihnachtszeit

b) in der Osternacht

c) bei der Messfeier für Verstorbene

10. *Violett ist als liturgische Farbe vorgesehen*
   a) bei der Messfeier für Verstorbene
   b) im Advent
   c) in der Fastenzeit/österlichen Bußzeit
   d) am Karfreitag

11. *Grün ist die liturgische Farbe*
   a) an Werktagen im Jahreskreis, mit Ausnahme besonderer Festtage
   b) an den Sonntagen im Jahreskreis
   c) an Marienfesten

12. *Bei der Messfeier für Verstorbene*
   a) ist Weiß als Zeichen der Auferstehung die vorgesehene liturgische Farbe
   b) kann Violett getragen werden
   c) muss immer Schwarz getragen werden

Eine kleine Bibliothek – Die liturgischen Bücher

Als Ministrantin oder als Ministrant solltest du die wichtigsten liturgischen Bücher kennen. Mit einigen hast du auf jeden Fall während deines Dienstes zu tun. Es ist gut für dich zu wissen: Welches Buch wird wann und von wem benutzt? Euer Küster/eure Küsterin (Mesner oder Mesnerin) zeigt dir sicher gerne, wie alle Bücher aussehen und wo sie in der Sakristei ihren Platz haben.

Das Messbuch

Da ist zunächst das *Messbuch*. In ihm sind die Gebete des Priesters bei der Messfeier abgedruckt. Es besteht aus zwei Teilen: Der erste Band ist rot eingebunden und enthält die deutschen und lateinischen Texte für die Sonn- und Feiertage sowie die Texte der Karwoche in Deutsch. Der zweite, blaue Band wird häufiger gebraucht als der erste, denn er enthält die deutschen Messtexte für alle Tage des Jahres außer der Karwoche.

In manchen kleineren Kirchen und Kapellen oder auch als Zweit-
ausgabe findet man ein einbändiges grünes Messbuch, die so
genannte Kapellenausgabe, mit allen deutschen Texten für das
ganze Kirchenjahr.

Das Lektionar

Auch das *Lektionar* kennst du bestimmt schon. Es wird für die
Messe, aber auch für andere Gottesdienste benötigt. Lektionar
heißt so viel wie Lesungsbuch (lateinisch: lectio – Lesung).
Bei der Messe sind vorgesehen:
Erste Lesung aus dem Alten Testament oder aus der Apostelge-
schichte
    Antwortpsalm (Zwischengesang)
Zweite Lesung aus dem Neuen Testament (Briefe, Offenbarung
des Johannes)
    Ruf vor dem Evangelium (Halleluja)
Evangelium (nach Matthäus, Markus, Lukas, Johannes)

Im deutschsprachigen Raum wird – zum Beispiel bei Kindergot-
tesdiensten – manchmal auch nur eine der beiden Lesungen vom
Lektor oder von der Lektorin vorgetragen. Die Lesungstexte für
die Sonntage sind in drei roten Bänden enthalten. Damit die Gottesdienstteilnehmer im Laufe der Zeit möglichst viele verschiedene Abschnitte aus der Heiligen Schrift hören können, wurde
eine so genannte Leseordnung erstellt. Das heißt, es wurde festge-

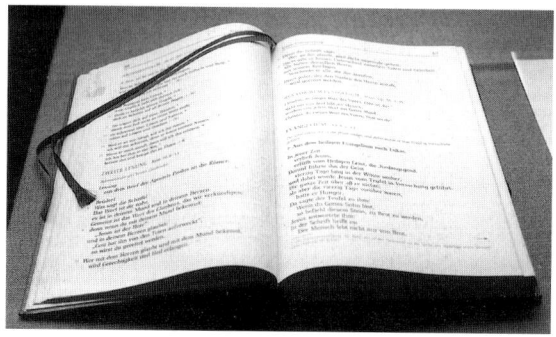

legt, an welchem
Tag oder Sonntag
welcher Text aus
der Bibel vorgele-
sen wird. An den
Sonntagen wieder-
holen sich die Tex-
te nur alle drei Jah-
re. Man nennt die-
se Zeiten die Lese-
jahre A, B oder C.
Werktags kehren
die Lesungen alle zwei Jahre wieder. Außerdem gibt es noch
einen Band für die Wochentage der Advents- und Weihnachtszeit, der Fasten- und Osterzeit und Bücher für „Sakramente und
Sakramentalien" sowie für „Besondere Anliegen".

Das Evangeliar

Die meisten Gemeinden besitzen außerdem noch ein kostbar ausgestattetes *Evangeliar,* ein Buch, in dem ausschließlich die Evangelien enthalten sind. Oft trägt der Priester oder Diakon es in einer feierlichen Prozession zum Ambo. Dabei wird er von zwei Messdienerinnen oder Messdienern mit Leuchtern begleitet. Auch bei einem feierlichen Einzug kann das Evangeliar mitgetragen werden.

Das Gotteslob

Das wichtigste Buch für die Gemeinde ist das Gebet- und Gesangbuch *Gotteslob.* (In Luxemburg heißt es: „Marienlob".) Das „Gotteslob" besteht aus einem großen einheitlichen Stammteil, der für alle deutschsprachigen Diözesen gleich ist. Daneben gibt es einen Anhang, in dem zusätzlich Lieder und Gebete des jeweiligen Bistums zusammengestellt sind. In einer ganzen Reihe von Diözesen ist darüber hinaus noch ein weiterer Anhang angefügt oder beigeheftet worden, der vor allem viele neue geistliche Lieder enthält, zum Teil auch mit Gitarrenbegleitung. Im Altarraum sollte für jeden ein „Gotteslob" bereitliegen. Es sieht nicht gut aus, wenn ein Gemeindelied gesungen wird, und die Ministrantinnen und Minis-

tranten singen nicht mit, weil sie kein Buch haben oder einfach keine Lust haben, mitzusingen. Das Mitsingen und Mitbeten ist ganz wichtig und gehört zu eurem Dienst am Altar dazu. Natürlich gehört es auch zum Dienst aller, die am Gottesdienst teilnehmen. Aber da ihr Ministrantinnen und Ministranten ja im Auftrag der Gemeinde euren Altardienst ausübt, seid ihr auch Vorbild, was das Singen und Beten angeht.

Für den Organisten/die Organistin gibt es das dazugehörige *Orgelbuch*, für den Kantor oder die Kantorin (= Vorsänger/Vorsängerin) das *Kantorenbuch*.

Liturgische Bücher für die Feier von Sakramenten und Segnungen

Auch für die *Feier von Sakramenten, Sakramentalien und Segnungen* gibt es eine ganze Reihe von Büchern. Bei deinem Dienst werden am häufigsten verwendet: „Die Feier der Kindertaufe"; „Die Feier der Trauung" und „Die kirchliche Begräbnisfeier". Auch zum Beispiel für die Feier der Firmung und die Feier der Krankensakramente gibt es solche Bücher.

Darüber hinaus verwendet der Priester oder Diakon auch das *Benediktionale*, ein Buch für verschiedene Segnungen. Das lateinische Wort „benedicere" heißt „segnen". Wenn zum Beispiel die Sternsinger ausgesendet werden und zuvor die Kreide gesegnet wird, wenn die Erntegaben an Erntedank gesegnet oder ein Haus eingeweiht wird, findet man in diesem Buch die passenden Gebete und Texte.

Das Direktorium

In jeder Sakristei wirst du darüber hinaus ein Buch finden, das sowohl für den Priester als auch für den Küster oder die Küsterin unentbehrlich ist: das *Direktorium*. Hier kann man nachlesen, welche Texte im Messbuch und im Lektionar für den jeweiligen Tag angegeben sind, welche Feste und Gedenktage in der gesamten Kirche oder der eigenen Diözese begangen werden und welche liturgische Farbe vorgesehen ist. Dies kann auch für euch Ministrantinnen und Ministranten hilfreich sein, falls der Küster/ die Küsterin einmal krank ist oder fehlt.

Nicht jeder Gottesdienst ist eine Messe – Andere Gottesdienste und gemeinsame Gebete

Wenn du zur Messe gehst, hast du sicher auch schon einmal gesagt: Ich gehe zum Gottesdienst, und das ist auch richtig, denn: Jede Messe ist ein Gottesdienst. Nur umgekehrt stimmt es dann nicht mehr: Jeder Gottesdienst ist nicht unbedingt eine Messe. Das hört sich kompliziert an, ist aber gar nicht so schwer zu verstehen.

Eigentlich ist jedes Treffen von Christen, bei dem gebetet und ein Text aus der Bibel vorgelesen wird, ein Gottesdienst. Im Laufe der Zeit haben sich jedoch verschiedene feste Formen von Gottesdiensten entwickelt, von denen ich dir die wichtigsten vorstellen möchte. So wie du wahrscheinlich anders mit Gott redest, als ich es tue, und deine Freundin oder dein Freund oder Vater und Mutter wieder anders, so gibt es auch Gottesdienste, die den einen Christen eher ansprechen als den anderen. Und in eurer Gemeinde, in der du als Ministrantin oder Ministrant tätig sein wirst oder schon deinen Dienst tust, gibt es wahrscheinlich auch nicht alle Formen von Gottesdiensten, die ich nun beschreibe. Schau dir also vielleicht erst einmal jene an, die es bei euch gibt.

Das Stundengebet

Das Stundengebet hat eine lange Geschichte. Schon in den ersten Jahrhunderten trafen sich die Christen zu bestimmten Stunden morgens und abends zum Gebet. Wie die Juden beteten oder sangen sie dabei auch aus der Liedersammlung des Alten oder Ersten Testaments: den Psalmen. Das Morgengebet nennt man bis heute LAUDES, das Abendgebet VESPER. Andere Gebetszeiten kamen hinzu, so die KOMPLET, das Gebet zum Tagesschluss. (Du kennst das sinnverwandte Wort: komplett. Wenn etwas komplett ist, dann ist es abgeschlossen.) In den folgenden Jahrhunderten wurde dieses Stundengebet dann fast nur noch von den Priestern privat oder in Klöstern gebetet. Dort werden auch heute noch die verschiedenen Gebetszeiten eingehalten. In vielen Klöstern kann man am Stundengebet der Ordensleute, der Nonnen und Mönche, teilnehmen. Vielleicht hast du einmal eine Gelegenheit dazu. Allerdings wird dort das Stundengebet häufig in Latein gesungen. Aber selbst wenn du den Text nicht richtig verstehst: Es ist beeindruckend und hört sich meist ganz toll an.

Erst in unserer Zeit treffen sich in Kirchen und Häusern wieder Erwachsene und Jugendliche, um zu diesen Stunden gemeinsam mit Liedern und Gebeten Gott zu loben und seinen Segen für den beginnenden Tag oder die beginnende Nacht zu erbitten. Im „Gotteslob" (ab Nr. 672) kannst du eine Auswahl dieser Texte finden. Vesper und Laudes sind die wichtigsten Gebetszeiten des Stundengebets. Besonders an Weihnachten, Ostern oder anderen hohen Kirchenfesten wird der Tag in vielen Gemeinden mit einer feierlichen Vesper beendet.

Im Mittelpunkt des Stundengebets steht immer ein Text aus dem Neuen Testament, zum Beispiel bei der Vesper der Lobgesang Mariens (Lukasevangelium 1,46–55).

Folgende Gebete gehören zu Laudes und Vesper:
Eröffnung
Hymnus (festliches Lied)
Zwei Psalmen und ein Gesang aus dem Alten (Ersten) bzw. Neuen (Zweiten) Testament
Lesung
Antwortgesang (lateinisch: Responsorium)
Bei der Laudes: Lobgesang des Zacharias (Benedictus; Lukasevangelium 1,68–79)
Bei der Vesper: Lobgesang Mariens (Magnificat; Lukasevangelium 1,46–55)
Fürbitten
Vaterunser
Schlussgebet (lateinisch: Oratorium)
Schlusssegen

Der Ministrantendienst:
Bei einer feierlichen Vesper können Messdienerinnen und Messdiener mit Vortragekreuz, zwei Leuchtern und Weihrauch mit einziehen. Zu Beginn des Magnificats legt der Priester Weihrauch ein und beräuchert Altar und Kreuz; ein Messdiener/eine Messdienerin beräuchert den Priester und anschließend die Gläubigen.

Andacht mit sakramentalem Segen

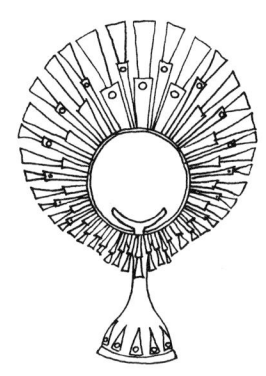

Die Andacht ist zu einer Zeit entstanden, als den einfachen Menschen die Handlung und die lateinische Sprache des Gottesdienstes fremd geworden waren. Sie konnten nicht mehr richtig mitfeiern – sie waren nur noch Zuschauer. Das „Altarsakrament", also die verwandelte Hostie, zu verehren, war und ist bis heute eine Möglichkeit, den Glauben auszudrücken. Es gibt verschiedene Formen, eine Andacht zu gestalten, auch *Rosenkranz- und Maiandachten* gehören dazu.

Bei feierlichen Gelegenheiten und bei Andachten, in denen die Eucharistie im Mittelpunkt steht (eucharistische Andacht), wird dabei der sakramentale Segen gespendet. Anstatt wie beim Gottesdienst mit der Hand, segnet der Priester (oder Diakon) die Anwesenden mit der großen Hostie in der Monstranz: Nach den Gebeten und Lesungen, manchmal auch schon zu Beginn des Gottesdienstes, holt der Priester die Custodia (siehe Seite 47) mit dem eucharistischen Brot aus dem Tabernakel. Der Küster/die Küsterin oder auch ein Ministrant oder eine Ministrantin stellt die Monstranz auf den Altar. Die Hostie wird nun in der Monstranz ausgesetzt. (Das heißt so viel wie: ausgestellt.) Alle knien dabei nieder. Der Priester beweihräuchert das Sakrament.

Vor dem Segen singen wir das „Tantum ergo" („Gotteslob" Nr. 541) in Lateinisch oder Deutsch: „Sakrament der Liebe Gottes". Dabei wird das Schultervelum hereingebracht und dem Priester umgelegt.

Nach dem Segen stellt der Priester die Custodia mit der Hostie wieder in den Tabernakel zurück.

Der Ministrantendienst:
Während des Segens spendet ein Ministrant/eine Ministrantin Weihrauch, und die Altarglocke wird dreimal geläutet.

Bußgottesdienst

Es gibt verschiedene Wege, Schuld zu bereuen und Gott um Vergebung zu bitten. Neben dem Bußsakrament, der Beichte, geschieht dies zum Beispiel beim Bußakt während der Messe, wenn wir bekennen, dass wir „Gutes unterlassen und Böses getan haben", aber auch, wenn wir versuchen, etwas, das wir falsch gemacht haben, wieder gutzumachen.

Wenn ich Fehler gemacht habe, betrifft dies meistens nicht nur mich allein, sondern auch andere Menschen.

Beim Bußgottesdienst wird besonders deutlich, dass wir alle zur Gemeinschaft der Christen, der Kirche, gehören und füreinander Verantwortung tragen.

Vor allem in der Fastenzeit und der Adventszeit – also den Vorbereitungszeiten auf Ostern und auf Weihnachten – kommen Christen zu einem Gottesdienst zusammen, um über ihre Fehler nachzudenken, ihre Schuld voreinander und vor Gott zu bekennen und zu überlegen, was man anders und besser machen könnte. Für viele ist die Teilnahme an einem solchen Bußgottesdienst gleichzeitig eine Vorbereitung auf die persönliche Beichte.

Am Ende des Gottesdienstes steht die Bitte um Gottes Vergebung, die der Gottesdienstleiter im Namen der Gemeinde ausspricht.

Kreuzwegandacht

In vielen Kirchen hängen an den Wänden Bilder, die den Kreuzweg Jesu zeigen. Aus der Bibel kennen wir den Leidensweg Jesu. Anhand dieser Passionsgeschichte werden meist 14 Kreuzwegstationen von seiner Verurteilung bis zur Kreuzigung und Grablegung dargestellt.

(Die einzelnen Stationen kannst du im „Gotteslob" Nr. 775 nachlesen.)

Seit einigen Jahrhunderten gedenken Christen anhand dieser Stationen des Leidens und Sterbens Jesu. In Wallfahrtsorten sind manchmal auch Kreuzwegbilder an einem Weg entlang aufgestellt. Die Menschen gehen dann betend von einer Station zur nächsten.

Vor allem in der Karwoche, der Woche vor Ostern, treffen sich die Gläubigen in der Kirche zum Gedenken an das Leiden und Sterben Jesu.

Vielerorts gestalten Jugendliche in der Fastenzeit einen eigenen Jugendkreuzweg. Überlegt einmal gemeinsam: Eventuell könnt ihr auch als Messdienergruppe einen solchen Kreuzweg gestalten und die Jugendlichen eurer Gemeinde dazu einladen.

Maiandacht

Im Monat Mai, in dem in der Natur alles wächst und blüht, wird in vielen Gemeinden in besonderer Weise an Maria gedacht. In so genannten Maiandachten wird vor dem mit Blumen und Kerzen geschmückten Marienaltar in Gebeten und Liedern Maria als Mutter Jesu geehrt. Achtet einmal darauf: Auch in den Sonntagsgottesdiensten wird häufig als Schlusslied ein Marienlied gesungen.

Rosenkranzgebet

Der Rosenkranz ist eine besondere Gebetsschnur, wie sie in anderer Form auch in anderen Religionen bekannt ist. Zu meiner Zeit gehörte zur „Erstkommunionausstattung" auch ein Rosenkranz dazu. Man kann ihn allein zu Hause oder in der Kirche mit anderen beten. Wir denken dabei über das Leben Jesu und über Maria nach.

Der Rosenkranz ist eine Gebetsschnur mit einem Kreuz, auf der fünf mal zehn Perlen aufgereiht sind. Während man mit den Fingern von Perle zu Perle gleitet, betet man: bei der großen Perle das Vaterunser, bei den kleinen Perlen ein „Gegrüßet seist du, Maria".

Zu Beginn nehmen wir das Kreuz in die Hand und beten das Glaubensbekenntnis.

Ein Rosenkranz hat fünf „Gesätze". Gesätz nennt man einen der Abschnitte mit zehn „Gegrüßet seist du, Maria". In jedem dieser Gesätze wird ein anderes „Geheimnis" aus dem Leben Jesu genannt und in das Gebet eingeflochten. Im „Gotteslob" Nr. 33 kannst du die verschiedenen Geheimnisse aus dem Leben Jesu nachlesen. Hier findest du fünf freudenreiche Geheimnisse (aus dem Weihnachtsfestkreis), fünf schmerzhafte Geheimnisse (aus der Passion) und fünf glorreiche Geheimnisse (aus der Osterzeit).

Ein Beispiel: Gegrüßet seist du, Maria, voll der Gnade, der Herr ist mit dir. Du bist gebenedeit unter den Frauen, und gebenedeit ist die Frucht deines Leibes, Jesus – der von den Toten auferstanden ist. Heilige Maria, Mutter Gottes, bitte für uns Sünder, jetzt und in der Stunde unseres Todes. Amen.

„Wort-Gottes-Feiern" – sonntägliche Wortgottesdienste

Vielleicht gehörst du auch zu einer Gemeinde, in der es nicht mehr möglich ist, jeden Sonntag eine Messe zu feiern, da euer Pfarrer für mehrere Gemeinden zuständig ist. Die Wortgottesdienste ohne Priester, man nennt sie auch „Wort-Gottes-Feiern", werden von einer Pastoralreferentin, einem Gemeindereferenten oder sonst einem vom Bischof beauftragten engagierten Gemeindemitglied geleitet. Eine solche Wort-Gottes-Feier gleicht im ersten Teil dem Wortgottesdienst der Messfeier, der Verlauf des zweiten Teils hängt davon ab, ob die hl. Kommunion ausgeteilt wird. Auf jeden Fall findet natürlich keine Gabenbereitung statt, da es ja auch kein Großes Lobgebet mit Wandlung der Gaben gibt.

Besprecht euren Dienst vor dem Gottesdienst mit dem zuständigen Wortgottesdienstleiter/der Wortgottesdienstleiterin oder dem Küster/der Küsterin. Nachdem ihr einige Male solche sonntäglichen Wortgottesdienste mitgefeiert habt, wisst ihr, welche Dienste in eurer Gemeinde anstehen.

Gott ist uns nahe – Die Feier der Sakramente und Sakramentalien

Im folgenden Kapitel möchte ich dir von heiligen Zeichen erzählen – das bedeutet das Wort „Sakramente". Besondere Zeichen kennst du auch im Umgang mit deinen Freundinnen und Freunden. Wenn dich dein Freund anruft, weil er weiß, es geht dir zur Zeit nicht so toll, dann ist das ein Zeichen, dass er sich Sorgen um dich macht. Aber darüber hinaus spürst du auch, du bist für deinen Freund wichtig. Wenn deine Freundin dir ein kleines Geschenk macht, einfach so, weißt du: Meine Freundin mag mich. Dann ist es nicht wichtig, wie teuer das Geschenk war, sondern das Wichtige ist: Sie hat an dich gedacht! Und immer, wenn du dieses Geschenk zur Hand nimmst, wirst du auch an deine Freundin denken. Sie ist dir dann in diesem Moment besonders nah. Sakramente sind auch solche Zeichen, Zeichen, in denen Jesus uns zeigt, dass er uns gern hat wie ein guter Freund oder eine gute Freundin. Und er will uns in diesen Zeichen besonders nahe sein. Wir wissen aus der Bibel, dass Jesus immer wieder in seinem Leben und Handeln den Menschen die frohe Botschaft von der Liebe des Vaters im Himmel gebracht hat – denke an sein Gespräch mit dem Zöllner Zachäus oder wie liebevoll er Kranken begegnet ist und sie geheilt hat. So will er uns nun auch durch die Sakramente in den täglichen Dingen des Lebens begegnen: zum Beispiel im Übergießen mit Wasser bei der Taufe, im Zeichen des Mahles, im Zeichen von Brot und Wein, bei der Eucharistie. Er möchte uns mit seiner Güte und Liebe das ganze Leben lang helfend begleiten.

Die Worte, die der Priester oder Diakon bei der Spendung der Sakramente spricht, erklären uns, was mit dem Zeichen genau gemeint ist. Deshalb sind sie ebenso wichtig wie das, was der Priester oder Diakon tut. Wir glauben, dass das, was hier zeichenhaft getan und was im Wort Gottes zusagt wird, durch den Geist Gottes, den Heiligen Geist, in unserem Leben tatsächlich geschehen kann. Aber jede Gabe wird erst zum Geschenk, wenn der Beschenkte sie annimmt, sich darüber freut und sie gebraucht. Denke noch einmal an das Geschenk von deiner Freundin. Wenn du nur siehst, wie teuer es war, wirst du all das nicht erfahren, was dahintersteckt: wie viel Mühe sich deine Freundin gemacht hat, es auszusuchen und zu verpacken. Dass sie dir damit eine Freude machen wollte, dass sie dir damit sagen wollte, wie sehr sie dich mag.

So ist es auch mit den Sakramenten: Wir müssen sie auch annehmen und gebrauchen.

⇨ *Katholische Christen feiern sieben solcher heiliger Zeichen:*
Das Sakrament der Taufe
Das Sakrament der Firmung
Das Sakrament der Eucharistie
Das Sakrament der Buße oder Versöhnung
Das Sakrament der Krankensalbung
Das Sakrament der Weihe
Das Sakrament der Ehe

Außer den sieben Sakramenten gibt es noch andere, ähnliche zeichenhafte Handlungen, die man *Sakramentalien* (= sakramentenähnliche) Handlungen nennt. Zu ihnen gehören vor allem die Segnungen, zum Beispiel von Wasser, Kerzen, Palmzweigen, Häusern, Bildern und Ähnlichem. Auch die Beerdigung zählt dazu.

Das Sakrament der Taufe

Die Taufe ist das erste Sakrament: Sie nimmt uns in die Gemeinschaft der Christen auf. Also ohne Taufe keine Erstkommunion, keine Firmung usw. Wenn ein Kind oder ein Erwachsener getauft und damit Christ wird – darüber sollten sich doch alle Christen freuen, nicht wahr? Deshalb ist es besonders schön, wenn viele Menschen an der Feier teilnehmen. So findet eine Tauffeier manchmal auch während einer Sonntagsmesse oder an Ostern statt.

Die Taufe wird in der Regel an einem Sonntag gespendet. Der Sonntag ist ja der Tag der Auferstehung Christi. Von Anfang an empfanden die Christen die Taufe auch wie eine Art Auferstehung zu einem neuen veränderten Leben, einem Leben mit Gott und mit Christus. In den ersten Jahrhunderten des Christentums wurden nicht in erster Linie Kinder, sondern erwachsene Menschen getauft, die vorher lernten, was es mit Christus und dem Glauben der Christen auf sich hat. Die Taufe war für sie dann etwas sehr Wichtiges. Es fing wirklich ein ganz neues Leben für sie an. Auch heute werden wieder häufig ältere Kinder, Jugendliche und Erwachsene getauft. Vielleicht wurde auch in deiner Kommuniongruppe ein Junge oder ein Mädchen während eurer Vorbereitung getauft, und du konntest bei der Taufe dabei sein.

Die TAUFKERZE, die heute die Eltern für den Täufling in den Händen halten, wird an der Osterkerze entzündet (s. Seite 88). Auch das will ein Zeichen sein, dass wir zu einem neuen Leben „auferstanden" sind. Die Taufkerze sagt uns: Licht macht hell, und Christus will unser Leben hell machen.
Das weiße TAUFKLEID, das dem Kind bei der Taufe überreicht oder angezogen wird, will auch die Feierlichkeit und Freude ausdrücken. (Weiße Messgewänder trägt der Priester während besonderer Feste und Festzeiten im Kirchenjahr.) Jesus nennt es in einem Gleichnis das hochzeitliche Gewand und Paulus schreibt: „Zieh den neuen Menschen an, der nach Gott geschaffen ist."
Übrigens kommt auch der Name „Weißer Sonntag" nicht von den weißen Erstkommunionkleidern, sondern von den Taufkleidern her, die in vergangener Zeit von den erwachsenen Getauften von Ostern bis zum „Weißen Sonntag", dem Sonntag nach Ostern, getragen wurden.
Der Täufling wird mit CHRISAM, einem vom Bischof geweihten Öl, gesalbt. Früher wurden die Könige, Priester und Propheten mit Chrisam gesalbt. Dies bedeutet: Mit Kraft und Würde sollten sie ihr Amt ausüben. Übrigens, Christus heißt: der Gesalbte.
Weißt du schon, was das Wichtigste bei der Taufe ist? Richtig: Wasser. Warum wohl Wasser? Denke einmal nach, wozu Wasser gut ist. Wasser reinigt, es sprudelt und belebt. Ohne Wasser könnte die Welt nicht existieren, keine Pflanzen, keine Tiere, keine Menschen.
Vieles, was man über das Wasser sagen kann, gilt auch für die Taufe. Mit der Taufe eines Menschen vergibt Gott ihm alle seine Schuld. Die Taufe reinigt wie das Wasser. Durch dieses Sakra-

ment soll der Mensch ein lebendiger, ein vor Freude „sprudelnder" Christ werden. In früheren Jahrhunderten wurden die Täuflinge bei der Taufe ganz untergetaucht. Sie wussten, das bedeutet, dass wir „mit Christus gestorben und auferstanden" sind.

Der Ministrantendienst bei der Taufe

In der linken Spalte findest du den Ablauf der Taufe, der natürlich auch einmal etwas anders sein kann, zum Beispiel wenn die Taufeltern besondere Wünsche haben. In der rechten Spalte siehst du, an welchen Stellen dein Dienst als Ministrantin oder Ministrant gefordert ist.

Eröffnung der Feier Begrüßung der Eltern und Paten. Entweder am Eingang der Kirche oder dort, wo Eltern und Paten sich mit den Täuflingen und der Gemeinde versammelt haben.	Messdiener/innen begleiten den Priester oder Diakon. 
Gespräch mit den Eltern Frage nach dem Namen des Kindes und nach dem Taufwunsch der Eltern	
Wortgottesdienst Einladung zum Wortgottesdienst	Messdiener/in hält eventuell die entsprechenden Bücher („Die Feier der Kindertaufe", Lektionar).
Lesungen	
Predigt	
Die Eltern (und Paten) zeichnen dem Kind ein Kreuz auf die Stirn.	
Fürbitten	
(Salbung mit Katechumenenöl)	(Messdiener/in bringt Katechumenenöl und einen Wattebausch.)
Spendung der Taufe Taufwasserweihe (wenn Taufe außerhalb der Osterzeit erfolgt)	(Messdiener/in bringt Kanne mit Taufwasser.)
Absage an das Böse und Glaubensbekenntnis	

Taufe: Der Zelebrant spricht „(Name), ich taufe dich im Namen des Vaters und des Sohnes und des Heiligen Geistes."	Messdiener/innen bringen die Kanne mit Taufwasser, Schale zum Auffangen des Wassers und ein Handtuch.
Salbung mit Chrisam	Messdiener/in bringt Chrisamgefäß und Wattebausch.
Überreichung des weißen Kleides	(Ministrant/in reicht Taufkleid.)
Die Taufkerze wird an der Osterkerze entzündet. Übergabe der brennenden Taufkerze	Wenn nicht Vater (Pate): Ministrant/in entzündet Taufkerze an der Osterkerze.
Eventuell Effata-Ritus (Erinnernd an die Heilung des Taubstummen. Der Zelebrant berührt dabei Ohren und Mund des Taufbewerbers.)	

Abschluss der Tauffeier
Vaterunser

Segen
Der Segen wird zuerst über die Mutter/die Mütter, dann über den Vater/die Väter, zuletzt über alle Anwesenden gesprochen.

Schlusslied

(In manchen Gemeinden wird anschließend noch gemeinsam vor dem Marienaltar gebetet oder ein Lied gesungen.)

Das Sakrament der Firmung

Christen glauben: Der Geist Gottes verändert die Menschen. Er stärkt sie und hilft ihnen, so zu leben, wie es Jesus vorgelebt hat. Im Sakrament der Firmung schenkt uns Gott in besonderer Weise seinen Heiligen Geist. In der Bibel können wir lesen, dass die Jünger und Apostel verständlicherweise nach dem Tod Jesu sehr ängstlich waren. Sie wussten nicht, wie es mit ihnen und der Sache Jesu weitergehen sollte. In der Pfingstgeschichte wird erzählt, wie sie durch den Heiligen Geist Mut bekamen, vor die

Menschen zu treten und furchtlos von Christus zu erzählen. So will auch uns das Sakrament der Firmung helfen, anderen von Jesus zu erzählen.

Der Bischof oder sein Stellvertreter legt uns bei der Firmung die Hände auf und salbt uns mit Chrisam, ähnlich wie bei der Taufe. Dabei spricht er: „(Name), sei besiegelt durch die Gabe Gottes, den Heiligen Geist." Der oder die Gefirmte bekräftigt dies mit „Amen". Man könnte sagen, so wie wir in der Taufe Gottes Geist für uns selbst und für unser Leben geschenkt bekamen, so wird uns nun sein Geist zur Stärkung anderer gegeben.

Der Heilige Geist bewegt und verändert die Menschen, wenn sie sich für ihn öffnen. Die Bibel hat viele Bilder für sein Wirken: Bei der Schöpfung schwebte der Geist Gottes über dem Wasser; am Pfingsttag beschreibt Sturmwind und Feuer seine lebendige und verändernde Kraft. Die Darstellung als Taube weist auf Frieden und Versöhnung hin.

Ministrantendienst:
Da eine Firmung in eurer Gemeinde ja nicht allzu oft stattfindet, werdet ihr euren Dienst vorher genau durchsprechen und üben. Hier nur einige Hinweise:

Beim feierlichen Einzug tragen die Ministrantinnen und Ministranten das Vortragekreuz und zwei Leuchter, es folgen Altardiener.

Nach der Salbung reichen die Ministranten eine Wasserschale, Seife, Handtuch und eine Schale mit Brotkrumen, Salz oder Kleie.

Falls ein Bischof die Firmung spendet, tragen zwei Ministrantinnen/Ministranten die Mitra (Bischofshut) und den Bischofsstab.

Das Sakrament der Eucharistie

Die Feier der Eucharistie ist das größte und schönste Sakrament, das die Kirche feiert. Denn hier schenkt sich uns Christus, der Sohn Gottes, in den Gestalten von Brot und Wein.

Im Kirchenjahr gibt es zwei Feste, bei denen wir ganz besonders an dieses Sakrament denken: An Gründonnerstag feiern wir zu Beginn der drei österlichen Tage die Einsetzung des Abendmahls. Und an Fronleichnam feiern wir ebenfalls den Leib des Herrn. Wo es möglich ist, wird dabei in einer feierlichen Prozession das eucharistische Brot durch die Straßen der Stadt getragen.

Der „Weiße Sonntag" ist sicher für jeden ein besonderer Tag, denk einmal, wie es bei dir war. Aber hier geschieht ja nichts Einmaliges, sondern er sollte ja tatsächlich nur der „Erstkommuniontag" sein, der erste von vielen Tagen, an denen wir den Leib Christi empfangen.

Das Sakrament der Buße

Zu Beginn der Messe bekennen wir, dass wir „Gutes unterlassen und Böses getan haben". Wenn wir gegenüber Gott und unseren Mitmenschen lieblos sind, treffen wir damit auch immer die Gemeinschaft der Christen, die Kirche. Es ist, wie wenn du von der Schule eine miese Stimmung mitbringst, deine Schwester oder deinen Bruder dumm anmachst und deiner Mutter nicht hilfst, wenn sie dich darum bittet. Es ist dann nicht mehr nur deine Sache: Die ganze Familie ist betroffen. Durch die Teilnahme an der Messfeier, den Besuch eines Bußgottesdienstes, aber vor allem auch, indem wir Gutes tun, zeigen wir, dass uns unser liebloses Verhalten Leid tut.
Aber wie schwer die Schuld eines Menschen auch sein mag, Gott gibt uns die Möglichkeit zur Umkehr. Denke an die Geschichte vom verlorenen Sohn, der trotz seiner Schuld wieder vom Vater aufgenommen wurde. Durch Jesus Christus, durch sein Leben und Sterben und Auferstehen, können auch wir wieder neu beginnen.
Im Namen Jesu Christi spricht uns deshalb der Priester von unserer Schuld los und schenkt uns die Versöhnung und Gemeinschaft mit Gott und mit der Kirche neu. Er will uns im Gespräch helfen, über unsere Fehler nachzudenken und darüber, wie man sie am besten vermeiden kann. Vielleicht hast du nach einer Beichte schon einmal dieses schöne Gefühl gehabt, nun wieder neu anzufangen. Und so ist es auch. Wir können nun wieder so leben, wie wenn wir gerade neu getaufte Christen wären.

· Das Sakrament der Krankensalbung

Kennst du jemand, der schon einmal schwer krank war, oder warst du selbst schon einmal schlimm krank? Dann weißt du, wie schlecht man sich dabei fühlt und wie froh es einen machen kann, wenn man weiß: Man ist nicht alleine.

Jesus, der Heiland, hat sich immer besonders um kranke, arme und schwache Menschen gekümmert. Und auch die Kirche hat es sich zur Aufgabe gemacht, diesen Menschen durch tatkräftige Hilfe und durch ihr Gebet in besonderer Weise beizustehen. Wenn Kommunionspender den Leib Christi zu den Kranken bringen, mit ihnen und vielleicht auch mit den Angehörigen beten, dann merken diese: Ich bin nicht allein. Ich gehöre auch dann zu dieser Gemeinde, wenn es mir nicht so gut geht und ich nicht mehr am Gottesdienst teilnehmen kann. Im Brief des Apostels Jakobus lesen wir, wie ernst die ersten Christen diesen Auftrag Jesu nahmen: Da heißt es:

„Ist einer von euch krank? Dann rufe er die Presbyter (Älteste, Vorsteher) der Gemeinde zu sich: Sie sollen für ihn beten und ihn im Namen des Herrn mit Öl salben. Das Gebet aus dem Glauben wird ihn aufrichten; und wenn er Sünden begangen hat, werden sie ihm vergeben" (Jakobusbrief 5,14 und 15).

Dieser besondere Dienst, von dem hier die Rede ist, die Salbung mit Öl, vollzieht der Priester bis heute an schwer kranken Menschen. Das Öl ist ein Zeichen der Stärkung. Das Sakrament der Krankensalbung soll dem Schwerkranken beistehen, ihn stärken und ihm Trost und Hoffnung schenken. Diese Kraft durch den Heiligen Geist spricht der Priester dem Kranken in den begleitenden Gebeten zu.

Das Sakrament der Weihe

Aus dem Kreis der Jünger hat Jesus zwölf ausgewählt, die in seinem Namen besondere Aufgaben ausführten. Sie verkündeten die frohe Botschaft, tauften, riefen zur Umkehr auf und vergaben in Jesu Namen die Schuld. Sie legten den Christen die Hände auf, damit diese die Kraft Gottes im Heiligen Geist empfingen. Vor allem leiteten sie die Gemeinden und feierten mit den Gläubigen zusammen das „Herrenmahl", so wie Jesus es aufgetragen hat.

Das Amt der Apostel und ihrer Helfer wurde all die Jahrhunderte durch Handauflegung und Gebet weitergegeben. Es gibt drei Stufen des Weihesakraments. Bis heute empfangen *Diakone, Priester* und *Bischöfe* das Sakrament der Weihe durch Handauflegung und Gebet ihres Bischofs oder der Bischöfe. Der Bischof, als Nachfolger der Apostel, ist Leiter der Diözese, der Priester sein verantwortlicher Mitarbeiter. Der Diakon (= Diener) hilft vor allem beim Dienst an den Notleidenden und bei der Liturgie.

Das Sakrament der Ehe

Wenn zwei Menschen sich entschließen, ein Leben lang in einer Liebes- und Lebensgemeinschaft füreinander da zu sein und dies als Christen auch in der Gemeinschaft der Kirche bekräftigen möchten, bitten sie um die Trauung. Sie wollen in einer gemeinsamen Feier mit Verwandten, Freundinnen und Freunden und der ganzen Gemeinde vor Gott „Ja" zueinander sagen und um seinen Segen bitten. Das Wort „Trauung" hängt ja mit den Wörtern „Vertrauen" und „Treue" zusammen.
Die RINGE, die sich die Eheleute anstecken, sind ein Zeichen für die Treue, die sie sich im Trauungsgottesdienst gegenseitig versprechen. Der Ring ist wie ein rundes Band ohne Ende, ein Zeichen der Bindung. Die Eheleute spenden sich das Sakrament der Ehe selbst, sie sagen ja zueinander. Dieses Ja muss sich ein ganzes Leben lang bewähren, auch dann, wenn es Streit und Sorgen gibt, Krankheit und Not. Die Ehe ist also ein lebenslanges Sakrament, an dessen Beginn die Trauung steht. In diese Lebensgemeinschaft wachsen die Kinder hinein; so wird sie zu einer Familie.

Der Ministrantendienst bei der Trauung

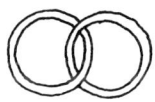

Eröffnung
Das Brautpaar, die Trauzeugen und Gäste werden vom Priester oder vom Diakon am Eingang der Kirche empfangen.

Die Messdienerinnen und Messdiener begleiten den Priester/Diakon.

Wortgottesdienst
Gebet

Lesungen (bei einem Wortgottesdienst eventuell nur eine Lesung)

Predigt

(Dienst der Messdiener/innen wie beim Wortgottesdienst innerhalb der Messe)

Fragen nach der Bereitschaft zu einer christlichen Ehe

Messdiener/innen stehen links und rechts neben dem Priester oder Diakon.

Die Segnung der Ringe
Der Priester oder Diakon spricht ein Segensgebet und besprengt die Ringe mit Weihwasser.

Messdiener/innen halten das Weihwassergefäß mit Aspergill und das Tablett mit den Ringen bereit.

Die Vermählung
Während des Vermählungsspruchs stecken sich Bräutigam und Braut gegenseitig die Ringe an.

Ein Messdiener/eine Messdienerin hält die Ringe bereit.

Die Bestätigung der Vermählung

Segnung der Neuvermählten
Fürbitten

(Bei einer Messe beginnt mit der Gabenbereitung die Eucharistiefeier.)

Vaterunser

Feierlicher Schlusssegen

Die kirchliche Begräbnisfeier

Vielleicht warst du schon einmal bei einer Beerdigung oder du musstest erleben, dass jemand gestorben ist, der dir ganz wichtig war. Man wird ganz hilflos, wenn man begreift, dass dieser liebe Mensch nun nie wieder mit einem sprechen und lachen kann, dass man nie wieder seine Wärme spüren kann. Und das macht uns traurig, egal, ob man in deinem Alter oder erwachsen ist. Und doch gibt es da noch etwas anderes.
Als Christen glauben wir, dass mit dem Tod nicht alles zu Ende ist, sondern dass er für uns ein Durchgang zu einem neuen Leben ist, einem Leben mit Gott. Deshalb brennt bei der Messfeier für Verstorbene als Zeichen der Auferstehung die Osterkerze. Deshalb wird auch oft ein österliches Lied gesungen. Es drückt unsere Hoffnung aus, dass unsere verstorbenen Angehörigen und Freunde bei Gott sind. Das zeigt sich auch bei der liturgischen Farbe. Während es früher immer das Schwarz war, kann sie nun gewählt werden: Schwarz oder Violett.

Vielleicht weißt du noch, was du über die Taufe gelesen hast: „Wir sind in der Taufe mit Christus gestorben und auferstanden." Auch die Besprengung mit Weihwasser auf dem Friedhof erinnert uns an die Taufe. Der Verstorbene gehört auch über den Tod hinaus zur großen Gemeinschaft der Glaubenden.
Besonders an den Festen Allerheiligen und Allerseelen, an denen wir die Gräber der Verstorbenen besuchen, erinnern uns die Gebete immer wieder daran, dass alle Christen zu aller Zeit zur großen Glaubensgemeinschaft gehören.

Die Trauernden dürfen wissen, dass sie nicht allein sind, sondern dass die Gemeinde ihre Trauer um den Verstorbenen teilt und für sie und mit ihnen betet.

Für die Begräbnisfeier gibt es je nach den Bräuchen und Gegebenheiten am Ort verschiedene Möglichkeiten. So spielt hier zum Beispiel auch die Entfernung zwischen Kirche und Friedhof eine Rolle und ob das Requiem, der Trauergottesdienst, im Zusammenhang mit der Beerdigung gefeiert wird. Auch gibt es immer häufiger Urnenbeisetzungen.
Wenn du bei einer Beerdigung den Ministrantendienst übernimmst, solltest du dich auf jeden Fall nach den Besonderheiten erkundigen.
Wenn die Messe für die Verstorbenen und der Wortgottesdienst mit anschließender Beerdigung zeitlich getrennt sind, spricht man von einer Liturgie mit zwei Stationen – in der Friedhofskapelle und am Grab:

Der Ministrantendienst bei der Begräbnisfeier
(in zwei Stationen)

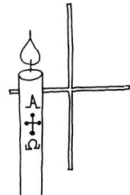

In der Friedhofskapelle
Verneigung vor dem Kreuz und dem Sarg, der davor steht

Eventuell Besprengung mit Weihwasser, Beräucherung mit Weihrauch

Je nachdem, wie viele Ministrantinnen und Ministranten anwesend sind, nehmen sie
(1) Weihwasser,
(2) Weihrauchfass und
(3) das Vortragekreuz mit.

Wortgottesdienst
Lied, Begrüßung, Kyrie, Gebet, Schrifttext, Predigt, Psalmgebet, Anrufungen (Fürbitten), Gebet, Gesang

Messdiener/innen stehen neben dem Zelebranten.

Prozession zum Grab
Zelebrant und Messdiener/innen gehen vor dem Sarg, die Angehörigen und Trauergäste dahinter.

Ein/e Messdiener/in geht mit dem Kreuz voran, die anderen gehen neben dem Priester oder Diakon.

Auf dem Weg können Gebete gesprochen oder Lieder gesungen werden.

Am Grab (Beisetzung)
Gebet oder persönliches Wort

Segnung des Grabes

Messdiener/innen stehen rechts und links vom Zelebranten vor dem Sarg.

Der Sarg wird ins Grab gesenkt.

(Weihrauchfass und Schiffchen bereithalten)

Besprengung mit Weihwasser

Messdiener/in reicht Weihwasser.

(Beräucherung mit Weihrauch)

Zelebrant wirft Erde auf den Sarg (Zeichen für die Sterblichkeit des Menschen).

Zelebrant bezeichnet das Grab mit dem Kreuz (Zeichen der Hoffnung auf Auferstehung und Leben).

Gebet für Verstorbene und Lebende:
Fürbitten
Vaterunser
Schlussgebet

Abschließendes Segenswort
Zum Beispiel:
Herr, gib ihm (ihr) die ewige Ruhe.
Und das ewige Licht leuchte ihm
(ihr).
Lass ihn (sie) ruhen in Frieden.
Amen.

Messdienerinnen und Messdiener
gehen mit dem Zelebranten zurück
zur Kapelle.

Ein Jahr voller Feste – Das Kirchenjahr

Hast du dir einmal überlegt, wie viele große und kleine Feste du
so im Laufe des Jahres feierst? Da ist sicher – ganz, ganz wichtig
– zunächst einmal dein Geburtstag, dann Weihnachten, dann der
Geburtstag deines besten Freundes oder deiner besten Freundin, dann ein Familienfest usw. Es gibt eine ganze Reihe von
Festen, die sich jedes Jahr an einem ganz bestimmten Datum
wiederholen, wie zum Beispiel die Geburtstage. Dann gibt es
besondere Tage, die zwar auch jedes Jahr gefeiert werden, aber
an verschiedenen Terminen, etwa Ostern, das einmal im März
und dann wieder im April liegen kann. Und dann gibt es noch
ganz besondere Feste, die nur einmal oder ganz selten gefeiert
werden; hier gehört euer Erstkommuniontag dazu.

Auch die Kirche feiert viele Feste. Und ein paar kennst du ja
schon. Ob du auch die Feste und Zeiten im Kirchenjahr kennst,
um die es in dem nachfolgenden Rätsel geht? Mach dir nichts
daraus, wenn du noch nicht alles weißt. Lies das nachfolgende
Kapitel und versuch es noch einmal.

◆ Rätselecke: Weißt du Bescheid? – Bekannte
Feste und Zeiten im Kirchenjahr

Beim Eintragen der richtigen Begriffe ergibt die senk-
recht markierte Zeile ein Fest, bei dem die Vereh-
rung der Eucharistie, also des Leibes und Blutes Chris-
ti, im Mittelpunkt steht.
(ü = ue)

1. An diesem Tag feiern wir die Herabkunft des Heiligen Geistes. Es ist der 50. und letzte Tag der Osterzeit.

2. Ein Tag der Trauer. Wir denken an Jesu Tod am Kreuz.

3. Das höchste Fest der Christenheit. An diesem Tag feiern wir die Auferstehung Jesu.

4. Der Tag hat seinen Namen von den Palmzweigen, die die Menschen in Jerusalem Jesus als Zeichen seines Königtums vorantrugen. Mit diesem Tag beginnt die Karwoche.

5. Dieses Fest wird am 1. November begangen. Obwohl eigentlich erst am nächsten Tag der Verstorbenen gedacht wird, betet man in vielen Gemeinden schon am Nachmittag auf dem Friedhof für die Angehörigen. Anschließend werden die Gräber gesegnet.

6. Es ist die Vorbereitungszeit von Weihnachten.

7. Auch dem Osterfest geht eine längere Vorbereitungszeit voraus. Sie dauert 40 Tage.

8. Die Kirche beginnt die 40-tägige Vorbereitungszeit auf Ostern mit einem besonderen Tag. Im Gottesdienst erhalten die Menschen als Symbol für ihre Bereitschaft zur Umkehr und zur Buße ein besonderes Zeichen auf die Stirn.

9. Ein anderer Name für das Geburtsfest Jesu.

10. Wir erinnern uns an diesem Tag daran, wie Jesus mit seinen Jüngern das Abendmahl feierte.

11. Der erste Tag der Woche. An diesem Tag, dem Auferstehungstag Jesu, feiern die Christen von Anfang an die Messe (Eucharistie).

12. Das Fest wird 40 Tage nach Ostern begangen. Jesus verabschiedet sich von seinen Jüngern und kündigt ihnen einen anderen Beistand an. Er selbst ist nun bei seinem Vater im Himmel.

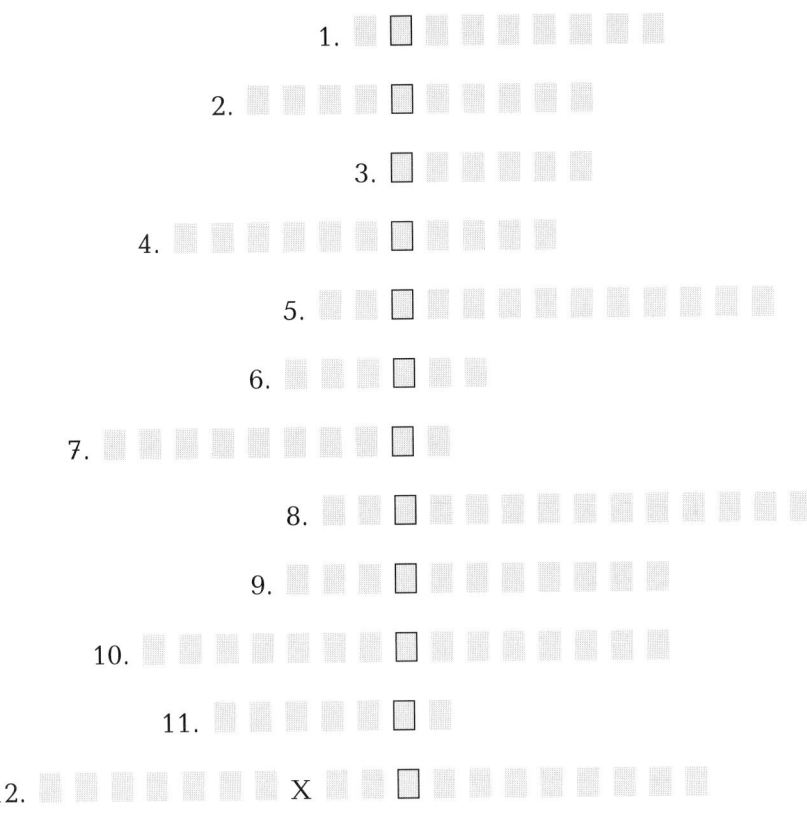

1. ☐
2. ☐
3. ☐
4. ☐
5. ☐
6. ☐
7. ☐
8. ☐
9. ☐
10. ☐
11. ☐
12. X ☐

Einige dieser Kirchenfeste sind bereits so alt wie das Christentum selbst, andere gibt es erst seit einigen Jahrhunderten. Von den wichtigsten will ich dir etwas erzählen.

Kannst du dich noch erinnern: „Jeder Sonntag ist wie ein kleines Osterfest", so hast du es im Kapitel über die Messe gelesen. Diese sonntägliche Feier von Jesu Auferstehung ist das älteste Fest der Christen überhaupt und so etwas wie die Mitte des liturgischen Jahres. Und auch Ostern ist mit Abstand das älteste kirchliche Fest, das wir jährlich feiern. Vielleicht hättest du am ehesten auf Weihnachten getippt, aber schon eine alte Schrift um das Jahr 170 nach Christus erzählt von einer Auferstehungsfeier in der Osternacht. Wahrscheinlich wurde sie bereits zur Zeit der Apostel begangen, während man das Weihnachtsfest erst seit dem 4. Jahrhundert feiert.

Also Ostern ist das älteste jährlich wiederkehrende Fest der Christenheit. Um sich richtig darauf vorzubereiten, fastete man die beiden Tage vorher. Später wurde dann die vierzigtägige Fastenzeit oder „österliche Bußzeit" eingeführt.

„Christus ist auferstanden" – solch eine freudige Botschaft wollte man nicht nur einen oder zwei Tage oder eine Woche feiern, sondern 50 Tage – eine ganze „Oster-Zeit" lang.

Dass Gottes Sohn für uns Mensch geworden ist, sein Leben und Wirken auf Erden, seinen Tod für uns, seine Auferstehung, dass er seinen Heiligen Geist gesandt hat und am Ende aller Zeit wiederkommen wird – all das können wir unmöglich in *einem* Fest feiern und erfassen. Nach und nach entfaltete sich deshalb im Laufe der Zeit das ganze Leben Jesu in verschiedenen Festen.

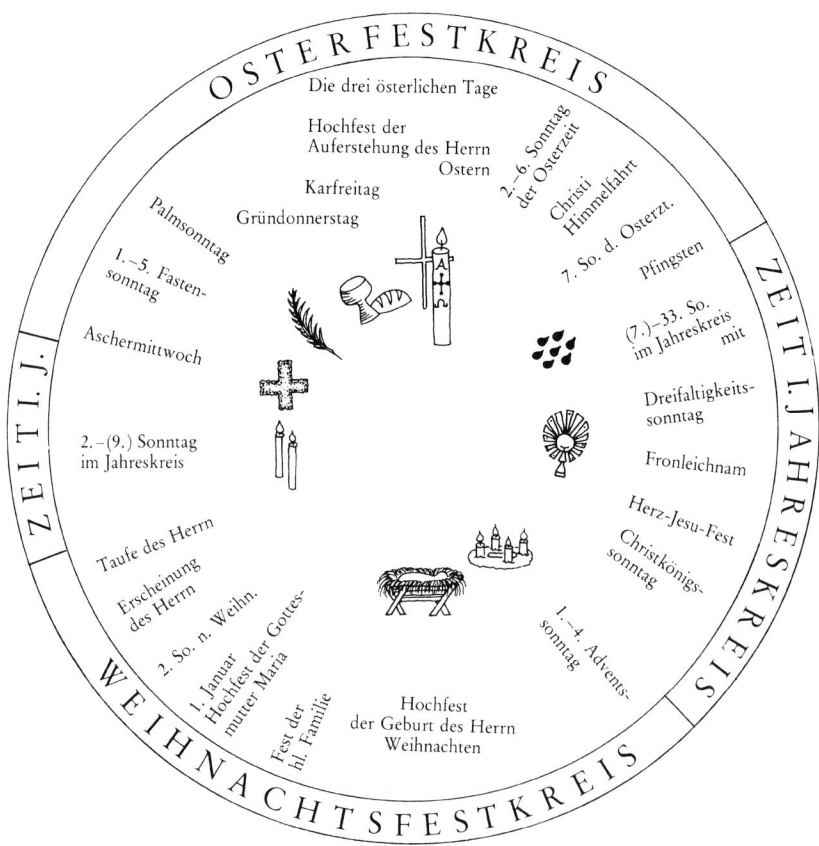

⇨ *Es entstanden zwei Festkreise:*
der *Osterfestkreis* in der Zeit zwischen Aschermittwoch und Pfingstsonntag, mit den drei heiligen Tagen Gründonnerstag, Karfreitag und Ostern im Mittelpunkt,
und der *Weihnachtsfestkreis* vom 1. Adventssonntag bis zum Fest Taufe des Herrn, mit Weihnachten als wichtigstem Fest.

Die Sonn- und Wochentage im Jahr, die zu keiner dieser beiden Festzeiten gehören, nennen wir die *„Zeit im Jahreskreis"*. Sie umfasst, einschließlich des Christkönigssonntags, 34 Sonntage.
So, nun kennst du schon die „Eckpfeiler" des Kirchenjahres. Jetzt erzähle ich dir noch etwas mehr über die Feste und Festzeiten.

Zeit der Erwartung – Der Advent

Fast jeder in unserem Land weiß, dass es vier Adventssonntage gibt, bevor wir dann Weihnachten feiern. Aber ich glaube, nur wenige wissen noch, dass die Adventszeit von ihrem Ursprung her so etwas wie eine Bußzeit, eine kleine „Fastenzeit", ist. Ihr könnt es an den violetten Gewändern sehen, die im Advent getragen werden. Violett ist ja die Farbe der Buße und Umkehr. Und Advent heißt so viel wie Ankunft. Während dieser Zeit bereiten wir uns also auf die Ankunft des Herrn, auf die Feier seiner Geburt vor. Und von alters her hat man vor einem großen Fest gefastet.
Auch in den Texten aus dem Alten und Neuen Testament, die während der Messe vorgelesen werden, geht es oft um Besinnung und Umkehr. Wir hören vom Propheten Jesaja und von Johannes dem Täufer. Beide haben die Menschen zur Umkehr aufgerufen. Johannes den Täufer nennt man auch den Wegbereiter Jesu.
Advent hat aber auch noch mit einer zweiten Ankunft zu tun: der Ankunft Jesu am Ende aller Zeit. So will der Advent uns nicht nur auf das Geburtsfest Jesu Christi vorbereiten, sondern auch auf seine Wiederkunft.

Jesus ist geboren – Weihnachten

Weihnachten – da denkst du und wohl die meisten Menschen in vielen Ländern der Erde an Geschenke, an Tannengrün, Kerzenlicht und Plätzchen. Weihnachten ist ein ganz besonderes Fest. Eigentlich könnte man meinen, Weihnachten sei das wichtigste Fest überhaupt. Und doch ist es, wie du weißt, Ostern: In den ersten Jahrhunderten gab es überhaupt noch kein Weihnachtsfest. Am 25. Dezember wurde in Rom der „Geburtstag des unbesiegbaren Sonnengottes" begangen. Für die Christen damals war dies wahrscheinlich ein Anreiz, an diesem Tag das „Geburtsfest Jesu" zu feiern, um damit zu zeigen, wer für sie die einzige, unbesiegbare Sonne ist: Jesus Christus.

Die Erzählung von der Geburt Jesu in Betlehem wurde im Laufe der Zeit ausgeschmückt, und es entwickelten sich so viele Geschichten und Bräuche um Weihnachten, dass man sich immer wieder auf die eigentliche Botschaft des Evangeliums besinnen muss: Gottes Sohn ist Mensch geworden, um uns zu erlösen. Er hat sich immer der armen, schwachen und kranken Menschen angenommen. Auch darauf weist schon das Weihnachtsevangelium hin. Wir hören ja, dass die Hirten die Ersten waren, die kamen, um das Kind anzubeten. Und Hirten waren zur damaligen Zeit recht verrufen.

Von seiner Geburt bis zu seinem Tod – das ganze Leben Jesu zeigt die Liebe Gottes zu uns Menschen. Deshalb wird manchmal auch in der Nähe der Krippe ein Kreuz angebracht.

Auch in der Ostkirche, im Orient, übernahm man dieses Fest, obwohl die dortigen Christen bereits an Epiphanie (6. Januar) der Menschwerdung Christi gedachten.

Epiphanie – Erscheinung des Herrn

Sicher kennst du dieses Fest, das man am 6. Januar feiert, aber vielleicht unter einem anderen Namen: An diesem Tag sind die Sternsinger unterwegs. Früher nannte man es auch „Drei Könige" oder Dreikönigsfest. Im Evangelium des Tages wird von den drei Weisen erzählt, die sich aufmachten, um dem Herrn der Welt Gaben zu bringen und ihm zu huldigen.

Epiphanie ist ein griechisches Wort und bedeutet „Erscheinung". Man gebrauchte es in heidnischen Gegenden, um das „Erscheinen" einer Gottheit unter den Menschen, den Besuch eines Herrschers, der als „Gott" verehrt wurde, zu bezeichnen. Die dortigen Christen übernahmen das Wort für die Menschwerdung Christi, des Gottessohnes.

Gleichzeitig feierte man an diesem Tag auch das Fest der TAUFE DES HERRN. Als Johannes der Täufer Jesus im Jordan taufte, offenbarte eine Stimme vom Himmel Jesus als den Sohn Gottes.

Nun wird es etwas kompliziert, aber du kannst daran sehen, wie lange es gedauert hat, bis wir die Feste des Kirchenjahrs so feiern, wie wir es heute tun. Nachdem auch die Christen im Westen das Fest vom 6. Januar übernommen hatten, gaben sie beiden unterschiedliche Inhalte. Seither feiern wir an Weihnachten die Geburt Christi, am Fest „Erscheinung des Herrn" die Anbetung der Magier. Das Fest „Taufe des Herrn" wird am Sonntag nach „Erscheinung des Herrn" begangen und beschließt den Weihnachtsfestkreis.

Advents- und Weihnachtsbräuche

Es gibt kaum eine Zeit, die die Phantasie der Menschen so angeregt hat wie die Advents- und Weihnachtszeit. Und so sind im Laufe der Jahrhunderte immer wieder neue Bräuche entstanden. Die bekanntesten sind wohl Adventskranz, Krippe und Weihnachtsbaum und für die kleineren Kinder vor allem das Nikolausfest am 6. Dezember. Für die Messdiener ist das „Sternsingen" für Kinder in aller Welt ein besonderes Ereignis.

Der heilige Franz von Assisi hat im Jahre 1232 in einer Höhle in Greccio in Italien eine Krippe gebaut. Die Menschen, von denen damals ja nur wenige lesen konnten, hatten so die Möglichkeit, die Weihnachtsgeschichte anzuschauen und zu erfassen, was uns die Bibel über die Heilige Nacht erzählt.

Hast du schon einmal darüber nachgedacht, warum in vielen Ländern ein schön geschmückter Weihnachtsbaum oder Christbaum mit Kerzen aufgestellt wird? Nun, zunächst sind Tannen, Fichten oder andere Nadelbäume die einzigen Bäume, die auch im Winter grün sind, also niemals ihre „Blätter" verlieren. Man dachte sich: Ein solcher Nadelbaum ist ein schönes Zeichen: So wie ein grüner Baum im kalten, trostlosen und grauen Winter Hoffnung auf den Frühling schenkt, so kam Jesus als Hoffnung für die Menschen in die Welt. Die brennenden Kerzen erinnern an Christus, der das Licht der Welt ist.

Auch der Adventskranz aus Tannenzweigen und mit vier Kerzen will ein solches Zeichen der Hoffnung sein. Dass an jedem

Adventssonntag eine weitere Kerze entzündet wird, zeigt, dass unsere Hoffnung und auch die Vorfreude langsam zunimmt, bis an Weihnachten alles im hellen Licht erstrahlt.

Weitere Feste im Weihnachtskreis

Es gibt noch einige andere Feste in der Weihnachtszeit, die ich nur nenne. Dabei findest du auch die liturgische Farbe. Du weißt dann gleich, wie du dich an diesen Tagen als Ministrant kleiden musst. Du siehst, mit Ausnahme von „Stephanus", einem Märtyrerfest mit der liturgischen Farbe Rot, ist das festliche Weiß vorgesehen.

8. Dezember: Hochfest der ohne Erbsünde empfangenen Jungfrau und Gottesmutter Maria (Weiß)

26. Dezember (2. Weihnachtsfeiertag): Stephanus (erster Märtyrer) (Rot)

1. Sonntag nach Weihnachten: Fest der Heiligen Familie (Weiß);

1. Januar: Hochfest der Gottesmutter Maria (Weiß)

Aschermittwoch und österliche Bußzeit

Nachdem du dich an Karneval oder Fasching verkleidet hattest und alle einmal richtig ausgelassen gefeiert haben, beginnt dann am Aschermittwoch die Fastenzeit oder 40-tägige österliche Bußzeit. Auch wenn man heute kaum noch etwas davon merkt – eigentlich sind die Fastnachtstage genau so entstanden: Da die Menschen in der Fastenzeit auf so vieles verzichten mussten, sollten sie vorher noch einmal die Möglichkeit haben, gut zu essen und ausgelassen zu feiern. Der erste Tag der österlichen Bußzeit ist der *Aschermittwoch.* Seinen Namen hat dieser Tag, weil zu Beginn des Gottesdienstes die Gläubigen mit Asche bezeichnet werden. Die Asche ist ein uraltes Zeichen der Buße und Reue. Die Menschen des Alten Testaments „hüllten sich in Sack und Asche", um auf diese Weise ihre Bußgesinnung zu zeigen. Auch die Christen der ersten Jahrhunderte trugen in solchen Zeiten Trauerkleidung und verzichteten auf ihre Gesichtspflege. Wenn wir uns also mit dem Aschenkreuz bezeichnen lassen, sollten wir dabei überlegen, in welcher Weise wir uns in den kommenden Wochen auf das Osterfest vorbereiten können.

40 Jahre verbrachte das Volk Israel in der Wüste, bevor es in das Gelobte Land kam, und 40 Tage fastete Jesus. So steht es im Evangelium. Die Zahl 40 hat in der Bibel also eine ganz besondere Bedeutung. Es lag deshalb nahe, auch die Bußzeit vor Ostern auf 40 Tage festzulegen.

Allerdings musst du beim Zählen beachten, dass du die Sonntage nicht mitrechnest, da der Sonntag als wöchentliche Auferstehungsfeier kein Fasttag sein kann. Wenn du die übrigen Wochentage zusammenrechnest, fällt der Beginn der Fastenzeit auf einen Mittwoch.

Der Palmsonntag – Jesus zieht in Jerusalem ein

Am Sonntag vor Ostern, dem Palmsonntag, feiern wir den Einzug Jesu in Jerusalem. Die Menschen jubelten Jesus damals zu und streuten Palmzweige, Zeichen seines Königtums.

In vielen Gemeinden finden an diesem Tag Prozessionen mit Buchsbaumzweigen (da bei uns keine Palmen wachsen) statt. Diese Wiederholung des Einzugs in Jerusalem haben wir, wie viele Bräuche der kommenden Karliturgie, von den Christen übernommen, die an den überlieferten Orten in Jerusalem und Umgebung das Geschehen von Palmsonntag bis Ostern nacherleben wollten. Anders als zur Zeit Jesu, als die Menschen ihm wie einem König zujubelten und ihn kurz darauf verspotteten und seine Kreuzigung forderten, sollten Prozession und Hosanna-Rufe für uns ein Zeichen sein, dass Jesus wirklich unser Herr und König, also für uns ganz wichtig ist.

Gründonnerstag – Jesus feiert mit seinen Freunden das Abendmahl

Abendmahl, Kreuzestod und Auferstehung Jesu gehören ganz eng zusammen, so eng, dass man bis zum 4. Jahrhundert in der Osternacht an all diese Ereignisse dachte. Heute begehen wir die „drei österlichen Tage vom Leiden, vom Tod und von der Auferstehung des Herrn", die mit der Abendmahlsmesse am Gründonnerstag beginnen.

Dass die Feste des Kirchenjahrs mehr sind als nur Gedächtnisfeiern, zeigt sich besonders deutlich bei der Gründonnerstagsliturgie. Achte einmal darauf: Bei den Wandlungsworten: „In der Nacht, da er verraten wurde ...", fügt der Priester ein: „Das ist heute ...". Wir glauben ja daran, dass Christus uns während der Messe ganz besonders nahe ist. Deshalb feiern wir nicht nur ein geschichtliches Ereignis, an das wir uns gemeinsam erinnern, sondern Christus bringt das, was damals geschehen ist, in unser Leben hinein.

Das Evangelium des Gründonnerstags erzählt, wie Jesus den Jüngern die Füße wäscht. Dies war ein Dienst, den sonst nur die Sklaven ausführten. Jesus wollte damit sagen: Meine Liebe ist so groß, dass ich mich für euch und für alle Menschen zum Sklaven und Diener gemacht habe, ja mich für euch hingegeben habe. Im Neuen Testament formuliert es der Schreiber eines Briefes so: „Er – Jesus – hat sich selbst erniedrigt, bis zum Tod, ja bis zum Tod am Kreuz." So weit ging seine Liebe zu den Menschen, das wollte er hier durch diese Geste zeigen. Beim Abendmahl sagt Jesus dann: „Das ist mein Leib, der für euch hingegeben wird."

Im Abendmahlsgottesdienst am Gründonnerstag kann der Priester eine solche Fußwaschung an zwölf Gemeindemitgliedern vornehmen. Dies soll nicht nur ein Nachspielen sein, sondern stellvertretend für die ganze Gemeinde zeigen hier einige Christen, dass sie Jesus in seiner Nächstenliebe nachfolgen möchten.

Am Ende der Messe wird das Allerheiligste an einen anderen Ort getragen und der Altar abgeräumt. Man spürt, die beiden kommenden Tage, der Karfreitag und der Karsamstag, sind etwas ganz Besonderes, ganz anderes als die übrigen Tage. Der offene, leere Tabernakel, der Altar ohne Schmuck und Altartuch und die Stille lassen die Trauer der Kartage spürbar werden. Auch die Glocken werden nun bis zum Gloria in der Osternacht schweigen. Wo es üblich ist, werden in diesen Tagen statt der Glocken und Altarglocken nun von den Ministranten Ratschen oder Kleppern verwendet.

In den Anbetungsstunden dieser Nacht begleiten wir Jesus im Gebet zum Ölberg, wo er in großer Not und Todesangst seinen Vater um Hilfe anflehte.

Karfreitag – Jesu Leiden und Sterben

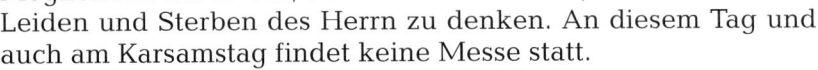

Der Karfreitag ist vor allem ein Tag der Trauer und des Leids. Das althochdeutsche Kara bedeutet so viel wie Trauer oder Wehklage. Die Christen treffen sich nach Möglichkeit um 15 Uhr, der Todesstunde Jesu, um an das Leiden und Sterben des Herrn zu denken. An diesem Tag und auch am Karsamstag findet keine Messe statt.
Die Liturgie des Karfreitags ist ganz auf den Tag abgestimmt und in dieser Form einmalig. Sie besteht aus *Wortgottesdienst, Kreuzverehrung und Kommunionfeier*.
Der Wortgottesdienst ist sehr einfach gehalten. Nach dem Eröffnungsgebet und den Lesungen mit dem Antwortpsalm wird die Leidensgeschichte aus dem Johannesevangelium vorgelesen. Eine weitere Besonderheit der Karfreitagsliturgie sind die großen Fürbitten.
Bei der anschließenden Kreuzverehrung wird zunächst das verhüllte Kreuz, begleitet von zwei Messdienern mit Leuchtern, hereingebracht und dann vom Priester oder Diakon enthüllt. Die Gläubigen kommen nach vorne und zeigen ihre Verehrung durch eine Verneigung, eine Kniebeuge oder durch das Küssen des Kreuzes. An manchen Orten ist es auch üblich, dass Gemeindemitglieder das Kreuz mit Blumen schmücken.
Für die Kommunionfeier wird der Altar gedeckt. Das Vaterunser leitet diesen Teil des Gottesdienstes ein. Der Kommunionempfang geht still und ruhig vor sich. Danach folgen Schlussgebet und Segen.

Die Feier der Osternacht – Ostern: Halleluja, Jesus ist auferstanden

Eigentlich müsste ich dich mit einem fröhlichen „Halleluja – Preiset den Herrn" und einer Kerze in der Hand zu diesem Kapitel begrüßen. Beides ist für Ostern und für die ganze Osterzeit wichtig.
Das „Halleluja" wird von Ostern bis Pfingsten in jedem Gottesdienst gebetet und gesungen und auch das Licht, genauer gesagt, die *Osterkerze*, ist ein Kennzeichen der Osterzeit.
In der Osternacht erhalten die Gläubigen am Eingang der Kirche eine Kerze, und in vielen Gemeinden brennt ein Osterfeuer,

an dem dann die Osterkerze, als Zeichen des auferstandenen Christus, entzündet wird. LICHTFEIER nennt man deshalb den ersten Teil dieses höchsten Festes der Christenheit. Die Osterkerze trägt die Zeichen Alpha und Omega, das bedeutet so viel wie Anfang und Ende, und außerdem die entsprechende Jahreszahl. Die fünf roten Wachsnägel erinnern an die Wundmale Jesu. Während der Priester oder Diakon langsam mit der Osterkerze durch die noch dunkle Kirche zum Altar schreitet, ruft er dreimal „Lumen Christi" = Christus, das Licht. Die Gemeinde antwortet „Deo gratias" = Dank sei Gott. Das Licht der Osterkerze wird dabei an alle weitergegeben, so dass langsam die ganze Kirche hell wird. So etwas kann man eigentlich nicht beschreiben, man muss es selbst erlebt haben. Das nun folgende „Exsultet" ist ein Lob auf die Osterkerze und damit auf Christus. Der WORTGOTTESDIENST der Osternacht unterscheidet sich von den „normalen" Gottesdiensten durch seine vielen Lesungen (mindestens drei aus dem Alten, zwei aus dem Neuen Testament und das Evangelium sollen vorgetragen werden).

Seit alters sind in der Osternacht Erwachsene und Kinder durch das Sakrament der Taufe in die Kirche aufgenommen worden. Denn durch die Auferstehung Christi können auch wir bei der Taufe zu neuem Leben auferstehen, so hast du im Kapitel von der Taufe gelesen. Der dritte Teil der Osterliturgie trägt deshalb den Namen TAUFFEIER, ganz gleich, ob jemand in der Osternacht getauft wird oder nicht. Nach der Allerheiligenlitanei, in der wir die Heiligen um ihre Fürsprache bitten, folgt die Segnung des Taufwassers. Falls Taufbewerber anwesend sind, schließt sich an dieser Stelle ihre Taufe an. Mit brennenden Kerzen, die an unsere Taufkerzen erinnern, erneuern wir dann alle unser Taufversprechen.

Es folgt wie bei jeder Messe die EUCHARISTIEFEIER.

In vielen Gemeinden bleibt man im Anschluss noch zusammen, um gemeinsam zu feiern, zu essen und zu trinken. Die Tradition, nach der Messe zu einem Mahl zusammenzukommen, ist sehr alt, und es ist schön, wenn dazu auch heute ab und zu Gelegenheit ist. In den ersten Jahrhunderten feierten die Christen wirklich die ganze Nacht hindurch ihr größtes Fest. Vielleicht hast du auch schon einmal das Wort Ostervigil gehört. Es ist ein anderer Name für die Feier der Osternacht. Vigil bedeutet so viel wie nächtlicher Gottesdienst.

Die Osterzeit – Wir feiern 50 Tage Ostern

Die 50 Tage sind wie das Osterfest zu feiern, und sie sind alle wie ein einziger Sonntag. So etwa beschrieb der Bischof Ambrosius im 4. Jahrhundert die Osterzeit. Sie ist einer der ältesten Bausteine des Kirchenjahrs und reicht von der Osternacht bis Pfingsten. Man feiert Ostern nicht nur ein oder zwei Tage oder eine Woche lang, sondern eine Woche von Wochen = 7 x 7 Tage. So groß und wichtig ist dieses Fest. Wenn du einmal darauf achtest: Während der ganzen Osterzeit brennt in jedem Gottesdienst die Osterkerze. Nach dem Pfingstfest wird sie normalerweise nur noch bei einer Taufe oder bei einem Begräbnisgottesdienst entzündet. Da die Osterzeit ja eine fröhliche, festliche Zeit ist, wird mehr gesungen als sonst – nicht nur das Halleluja.

Innerhalb dieser Festzeit, am 40. Tag nach Ostern, feiern wir CHRISTI HIMMELFAHRT: Christus kehrt als Auferstandener zum Vater heim und sendet an PFINGSTEN seinen Heiligen Geist. Die Apostelgeschichte beschreibt, wie Gottes Geist den Christen Kraft gab, mutig ihren Glauben zu bekennen und den Menschen von Christus zu erzählen. Pfingsten ist also der Geburtstag der Kirche.

Gottes Geist, den du ja in besonderer Weise im Sakrament der Firmung empfängst, stärkt die Kirche und will den Christinnen und Christen Mut und Kraft schenken, ihren Glauben zu bekennen und nach Jesu Vorbild zu leben. Das Wort Pfingsten leitet sich vom griechischen „Pentekoste" ab und bedeutet so viel wie der „fünfzigste Tag".

Nach dem Pfingstsonntag beginnt wieder die Zeit im Jahreskreis.

Die Zeit im Jahreskreis – die „grüne Zeit" im Kirchenjahr

Außerhalb des Weihnachts- und Osterfestkreises bleiben noch 33 oder 34 Wochen, die wir die „Zeit im Jahreskreis" nennen. Während dieser Zeit ist die liturgische Farbe Grün, es sei denn, die Kirche feiert ein Fest oder Hochfest. Denn auch in diese Zeit fallen natürlich eine ganze Reihe von Festen, von denen ich dir hier nur eine Auswahl nennen kann: zum Beispiel das Fest DAR-STELLUNG DES HERRN am 2. Februar, der DREIFALTIGKEITS-SONNTAG (Sonntag nach Pfingsten) und das Fest FRONLEICH-NAM in der zweiten Woche nach Pfingsten.

Fronleichnam ist ein altdeutsches Wort und heißt „Leib des Herrn". Man nennt es auch das „Hochfest des Leibes und Blutes Christi". In vielen Gemeinden wird in einer feierlichen Prozession der Leib Christi durch die Straßen getragen. Die katholischen Christen zeigen damit ihre Verehrung für Christus in den Gestalten von Brot und Wein. Die Prozession ist ein schönes Bild für das wandernde Gottesvolk, das gemeinsam auf dem Weg zu Gott ist, so wie das Volk Israel durch die Wüste in das Gelobte Land zog. An Fronleichnam können sich alle Ministrantinnen und Ministranten in ihren Gewändern in die Prozession einreihen und so ihren Glauben demonstrieren.

Im Laufe des Jahres denken wir auch in verschiedenen Festen besonders an Maria, die Mutter Jesu. MARIENFESTE sind zum Beispiel das *Hochfest der Gottesmutter Maria* am 1. Januar und *Mariä Aufnahme in den Himmel* am 15. August, HEILIGEN-FESTE sind unter anderem *Josef* am 19. März, das *Geburtsfest Johannes' des Täufers* am 24. Juni und *Petrus und Paulus* am 29. Juni.

Am 1. November feiern wir das Fest ALLERHEILIGEN. Wie der Name schon sagt, hat es etwas mit den Heiligen zu tun. Wir denken hier an alle Heiligen der Kirche, aber auch an alle lebenden und verstorbenen Christen, die ja von Gott in der Taufe „geheiligt" wurden. Deshalb treffen sich in vielen Gemeinden die Christen an diesem Tag oder am folgenden Tag, dem Fest Allerseelen, zu einem Wortgottesdienst und anschließender Gräbersegnung auf dem Friedhof, um an ihre Verstorbenen zu denken und für sie zu beten. Es wäre schön, wenn Ministrantinnen und Ministranten beim Gebet auf dem Friedhof und der anschließenden Gräbersegnung assistieren könnten.

Der CHRISTKÖNIGSSONNTAG, mit dem wir Christus als König und Herrn unseres Lebens feiern, beschließt die Zeit im Jahreskreis und auch das Kirchenjahr. Mit dem 1. Adventssonntag beginnt der Weihnachtsfestkreis und ein neues Kirchenjahr.

In einer Gemeinschaft gibt es viele Aufgaben

Als du am Anfang des Buches etwas über die Messe gelesen hast, konntest du schon viele Helferinnen und Helfer kennen lernen. Sie alle haben eine liturgische Aufgabe: Küster/in, Pfarrer, Kaplan, Diakon, Lektor/in, Kantor/in, Organist/in, Kommunionhelfer/in und viele mehr. Viele haben zusätzlich noch andere Dienste in der Gemeinde übernommen. Und auch Pfarrer, Kaplan und Diakon haben neben ihren liturgischen Ämtern noch eine Reihe anderer Aufgaben.

Der PFARRER leitet die Gemeinde. Er ist für die Seelsorge und für die Sakramentenspendung verantwortlich und ist nebenher noch ein wenig der „Manager" seiner Gemeinde. Dabei können ihm KAPLAN oder DIAKON helfen. Eine PASTORALREFERENTIN oder einen GEMEINDEREFERENTEN hast du vielleicht schon bei deiner Erstkommunionvorbereitung oder durch den Religionsunterricht kennen gelernt. Pastoral- oder Gemeindereferenten arbeiten in vielen Bereichen der Gemeinde mit und können zum Beispiel in der Kinder- und Jugendarbeit tätig sein oder eben in der Sakramentenvorbereitung. Sie besuchen Kranke, leiten Gesprächsgruppen und wirken beim Gottesdienst mit. Wo keine Messe gefeiert werden kann, leiten sie häufig die Wortgottesdienste, und in manchen Diözesen beerdigen sie die Verstorbenen.

Die PFARRSEKRETÄRIN oder der PFARRSEKRETÄR leitet das Pfarrbüro und ist für die tägliche Verwaltungsarbeit der Gemeinde zuständig. Zu den hauptamtlichen Mitarbeiterinnen und Mitarbeitern einer Pfarrei zählen auch Krankenschwestern und -pfleger, Erzieher/innen, Sozialarbeiter/innen, Altenpfleger/innen und alle, die in einer kirchlichen Einrichtung arbeiten.

Und natürlich gibt es auch außerhalb der Gottesdienste eine ganze Menge ehrenamtlicher Helfer in der Gemeinde.

Viele Eltern helfen bei der ERSTKOMMUNION- und FIRMVORBEREITUNG mit. Du hast es ja bei der Erstkommunion selbst erlebt. Darüber hinaus gibt es noch in jeder Gemeinde ganz besondere GRUPPEN, KREISE UND VEREINE, Kinder- und Jugendgruppen wie BDKJ, KJG, Pfadfinder – und natürlich die Ministrantengruppe, Bibelkreise, Seniorenclubs, Frauenkreise, Familiengruppen, Kolping, Predigt- und Gesprächskreise und viele andere mehr. Auch hier müssen eine Menge Leute Verantwortung übernehmen.

Der PFARRGEMEINDERAT wird alle vier Jahre von den Gemeindemitgliedern gewählt. Er ist für alles zuständig, was in der Pfarrgemeinde passiert, muss vieles planen und begleiten: So muss er etwa überlegen, wie die Kinder und Jugendlichen am besten auf Erstkommunion und Firmung vorbereitet werden, wer die neu zugezogenen Gemeindemitglieder besucht, wie man helfen kann, wenn Menschen in Not geraten sind. Er macht sich Gedanken über die Vorbereitung von besonderen Gottesdiensten oder wie das Pfarrfest am schönsten wird und vieles mehr. Der VERWALTUNGSRAT trifft Entscheidungen in allen Geldfragen, die in irgendeiner Weise die Pfarrei betreffen.

Du siehst, damit alles Notwendige, Wichtige, aber auch Schöne in einer Pfarrei getan werden kann, müssen viele bereit sein mitzumachen.

In der Bibel steht ein wunderschöner Satz: „Lasst euch als lebendige Steine zu einem geistigen Haus aufbauen ..." Die Kirche, so hast du gehört, sind ja in erster Linie die vielen Menschen, die an Christus glauben. So wie das Kirchengebäude in eurer Stadt aus vielen Steinen errichtet wurde, so ist die Kirche eine Gemeinschaft aus vielen Menschen. Petrus nennt sie „lebendige Steine". Und: Jeder Stein ist wichtig, um ein festes und stabiles Gebäude zu errichten. – Schön, dass du dabei bist.

Damit du findest, was du suchst

Stichwortverzeichnis und Worterklärungen

Wenn du einmal nicht genau weißt, was ein bestimmtes Wort bedeutet, oder wenn du zu einem bestimmten Thema noch Genaueres nachlesen möchtest, schau hier nach.
Hier findest du (fett gedruckt) eine Menge Wörter erklärt, die einem Ministranten/einer Ministrantin begegnen können. Außerdem siehst du, auf welcher Seite du in diesem Buch noch mehr darüber lesen kannst.

Aspergill: Weihwasserwedel, Weihwassersprenger 47
Ave Maria: lat. Name für das Gebet „Gegrüßet seist du, Maria ...“ 63–64
AT = Abkürzung für Altes (Erstes) Testament

Baldachin: Traghimmel über dem Allerheiligsten bei der Prozession
Begräbnisfeier 74–77
Beichte, siehe *Bußsakrament*
Benedictus: a) zweiter Teil des Sanctus; b) Lobgesang des Zacharias in der Laudes (kirchliches Morgengebet)
Benediktion: Segnung (lat. benedicere = segnen)
Benediktionale: liturgisches Buch mit Gebeten für Segnungen und Weihen 58
Bischof: Nachfolger der Apostel, leitet eine Diözese oder ein Bistum
Bistum oder Diözese: Verantwortungsbereich eines Bischofs
Bitttage: Tage, an denen Bittgebete und (Flur-)Prozessionen abgehalten werden, heute vor allem vor Christi Himmelfahrt
Blasiussegen: besonderer Segen zur Fürbitte für Gesundheit mit zwei gekreuzten Kerzen am Gedenktag des hl. Blasius (3.2.), wird auch am Vorabend (Darstellung des Herrn) gespendet
Brot 25
Brotbrechung 33, 35
Burse/Bursa: (lat. = Beutel) Etui für das Korporale oder für die Krankenkommunion
Bußgottesdienst 62
Bußsakrament 71

Casel (auch Kasel): Obergewand des Priesters bei der Messe 49–51
Chor: a) Sängergruppe; b) Altarraum 24
Choral: alter lat. einstimmiger Gesang beim Gottesdienst
Chormantel: auch Rauchmantel, Pluviale oder Vespermantel genannt, meist reich verziertes, knöchellanges Gewand, das für die Segnung mit der Monstranz verwendet wird 51
Chorrock: weißes, meist etwa bis an die Knie reichendes liturgisches Gewand, wird mit dem Talar getragen 49–51
Chrisam: hl. Öl für Taufe, Firmung und Priesterweihe 48, 67
Christi Himmelfahrt: Hochfest, 40 Tage nach Ostern 89
Credo: Glaubensbekenntnis 31
Custodia (auch Kustodie): Aufbewahrungsgefäß für die zur Aussetzung oder für den sakramentalen Segen bestimmte Hostie 47

Dalmatik: Obergewand des Diakons 51
Darstellung des Herrn: Fest am 2. Februar 89
Dekanat: Verwaltungsbezirk mehrerer Pfarreien unter einem Dekan (Dechanten)

Diakon: (griech. = Diener); Diakonat: erste Stufe des Weihesakraments   24, 51, 91

Diözese, siehe *Bistum*

Direktorium: von der jeweiligen Diözese herausgegebener liturgischer Jahreskalender   58

Ehe   73–74

Ehre sei Gott, siehe *Gloria*

Einzug   35

Empore: erhöhter Ort, meist in älteren Kirchen. Hier steht oft die Orgel

Entlassung   34, 37

Epiphanie: (griech. Erscheinung) Epiphanie oder Erscheinung des Herrn heißt das Fest am 6. Januar. Früher sagte man auch „Drei Könige"   82–83

Eröffnung der Messe   29–30, 35

Erscheinung des Herrn, siehe *Epiphanie*

Erstkommunion   71

Eucharistie: (griech. = Danksagung) a) für verwandelte Gaben von Brot und Wein b) Bezeichnung für die Messfeier, genauer: den zweiten Teil der Messfeier   70–71

Eucharistiefeier   26, 31–34, 36–37

Eucharistisches Hochgebet   32, 36–37

Evangelienbuch / Evangeliar   57

Evangelium: (griech./lat. = Frohe Botschaft) die vier Bücher des Neuen Testaments nach Matthäus, Markus, Lukas und Johannes   31

Ewiges Licht: meist rote Lampe in der Nähe des Tabernakels   13

Exsultet: feierlicher Lobgesang auf die Osterkerze in der Osternacht   88

Fastenzeit, siehe: *Österliche Bußzeit*

Firmung   69–70

Friedensgruß   33, 37

Friedhof   74–77

Fronleichnam: Kirchliches Hochfest des Leibes und Blutes Christi am zweiten Donnerstag nach Pfingsten   89

Fürbitten   31

Gabengebet   32, 36

Gabenbereitung   31

Gaudete: (lat.) „Freut euch", Bezeichnung für den dritten Adventssonntag

Gegrüßet seist du, Maria, siehe *Ave Maria*

Gehen   41

Gemeindereferent/in   91

Glaubensbekenntnis   31, 36

Gloria: (lat.) „Ehre sei Gott in der Höhe"   30, 35

Gotteslob   57

Kommunionhelfer/innen 24

Komplet: Nachtgebet der Kirche 59

Konzelebration: gemeinsame Eucharistiefeier mehrerer Priester

Korporale: zusammenfaltbares, kleines weißes Tuch zum Abstellen von Kelch, Hostienschale und Monstranz auf dem Altar 36, 44

Krankensalbung 71–72

Kredenz: kleiner Tisch oder eine Ablage, auf dem die liturgischen Geräte und Gaben für die Feier der Messe bereitgestellt werden 12, 44–45

Kreuz 12, 20, 43

Kreuzwegandacht 62–63

Kreuzwegstationen 14

Kreuzzeichen 42

Krippe 83

Krypta: unterirdische Kapelle

Küster, siehe *Sakristan*

Kustodie, vgl. *Custodia*

Kyrie 30, 35

Kyrie eleison: (lat. =) „Herr, erbarme dich"

Laetare: (lat.) „Freue dich", vierter Sonntag in der österlichen Bußzeit

Lamm Gottes, siehe *Agnus Dei*

Laudes: Morgengebet der Kirche 59, 60

Lavabo: Händewaschung 45

Lavabotuch: kleines Handtuch für die Händewaschung 19, 36, 45

Lektionar: liturgisches Buch mit Lesungen, Antwortgesängen, Halleluja-versen und Evangelien 56

Lektor/Lektorin: Vorleser/Vorleserin der Lesung, eventuell auch des Antwortpsalms und der Fürbitten 24

Lesung 30, 56

Leuchter 19

Lunula: (lat. „Möndchen") mondsichelförmiges Gerät zum Halten der Hostie in der Monstranz 47

Magnificat: Lobgesang Mariens; Höhepunkt der Vesper 60

Maiandacht 63

Maria 14, 63–64, 90

Marienfeste 90

Mesner, siehe *Sakristan*

Messbuch 55–56

Messdienergewänder 48–49

Messgewand 49

Mette: Nachtgottesdienst, besonders an Weihnachten

Missale: Messbuch 55–56

Lösungen der Rätsel

Christoph erhält eine besondere Kirchenführung (S. 15)

1. Auf der anderen Seite sieht der Altar ja wirklich aus wie ein Tisch, und irgendwie ist es ja auch wie ein gemeinsames festliches Essen. Wir erinnern uns dabei an das *Abendmahl* Jesu.

2. Außerdem siehst du auch eine Art Lesepult. Man sagt dazu *Ambo*. (ohne ss)

3. Dazwischen kommt bei uns eine Frau und singt im Wechsel mit den anderen Leuten Verse aus der Bibel oder ein Halleluja. Sie ist eine *Kantorin*. (Lektor/Lektorin nennt man den Mann oder die Frau, der oder die die beiden Lesungen vorträgt.)

4. Dann liest der Pfarrer das Evangelium vor. Evangelium, so haben wir gerade gelernt, heißt so viel wie *Frohe Botschaft*.

5. Es gibt *vier* davon in der Bibel. Wir sagen Evangelium nach Matthäus, Markus, Lukas, Johannes. (Petrus hat kein Evangelium geschrieben.)

6. Wir bringen dann alles, was nun gebraucht wird, von einem Tischchen zum Altar. Das Spezialwort für dieses Tischchen heißt: *Kredenz*. (Sedilien sind die Hocker oder Stühle, auf denen Priester und Ministranten während des Gottesdienstes sitzen.)

7. Siehst du die vielen Bilder dort? Sie erzählen, wie Jesus gelitten hat und dann gekreuzigt wurde. Man sagt dazu *Kreuzwegstationen*.

8. Man nennt sie Apostelleuchter und Apostelkreuze: Sie erinnern an die Weihe der Kirche und an die Apostel als ‚tragende Säulen der Kirche', so hat uns der Pfarrer erklärt. Dementsprechend gibt es *12* davon.

9. „Das ist *Maria*, die Mutter Jesu", erklärt Rebecca.

10. … das kleine Türchen gehört zu einer Art Tresor. Darin wird das heilige Brot nach der Messe aufbewahrt. Man nennt ihn *Tabernakel.*" (aus dem Lateinischen tabernaculum = Zelt. Monstranz ist das reich verzierte Gerät, in dem das eucharistische Brot gezeigt wird. Das lateinische Wort „monstrare" bedeutet so viel wie „zeigen")

Weißt du Bescheid? (S. 21)

```
              W E I N
      V A T E R U N S E R
      E V A N G E L I U M
           K E L C H
             K Y R I E
        G L O R I A
          A G N U S  D E I
H A E N D E W A S C H U N G
         E U C H A R I S T I E F E I E R
            F U E R B I T T E N
         G A B E N B E R E I T U N G
W O R T G O T T E S D I E N S T
      S A N C T U S
```


Da fehlt etwas! (S. 38)

1. Herr ... Geiste (an verschiedenen Stellen der Messfeier, z.B. zu Beginn des Gottesdienstes, vor dem Evangelium)

2. Wort (nach der Lesung)

3. Evangelium (= Einleitung zum Evangelium)

4. Frieden (= Entlassung)

5. bekenne (= Schuldbekenntnis)

6. Tod ... Auferstehung ... (nach den Wandlungsworten als Ruf der Gemeinde auf: „Geheimnis des Glaubens")

7. ... Gott (= Gloria)

8. glaube (= Glaubensbekenntnis)

9. ... Herrn (zu Beginn des Eucharistischen Hochgebetes)

10. Lob ... (= Antwort der Gemeinde nach dem Evangelium)

11. Lamm ... (= Agnus Dei)

12. segne ... (= Schlusssegen)

Weißt du Bescheid über liturgische Geräte, Gewänder und ihre Farben? (S. 53)

1. a,b,c	7. a, b
2. b, c	8. a, b, c
3. b, c	9. a, b
4. a	10. a, b, c
5. a	11. a, b
6. a, c, d	12. b

Weißt du Bescheid? – Bekannte Feste und Zeiten im Kirchenjahr (S. 77)

```
           P F I N G S T E N
       K A R F R E I T A G
             O S T E R N
   P A L M S O N N T A G
           A L L E R H E I L I G E N
         A D V E N T
 F A S T E N Z E I T
           A S C H E R M I T T W O C H
       W E I H N A C H T E N
 G R U E N D O N N E R S T A G
       S O N N T A G
 C H R I S T I   H I M M E L F A H R T
```

Hat es dir Spaß gemacht, die Rätsel zu lösen? Dann findest du in meinem Buch

Da raucht nicht nur das Weihrauchfass
Rätsel und Quizfragen für Ministrantinnen und Ministranten und andere helle Köpfe

(Matthias-Grünewald-Verlag, Mainz, 2. Auflage 2000, 136 Seiten) noch eine ganze Menge weiterer kniffliger Fragen rund um Liturgie und Ministrantendienst.